청소년 코딩

  처음으로 배우는 **코딩 엔트리**

발 행 일	2023년 08월 01일 (1판 1쇄)
개 정 일	2024년 10월 02일 (1판 4쇄)
I S B N	979-11-982722-1-8 (13000)
정 가	14,000원
집 필	김진원, 김한나, 박지혜
감 수	서울대학교 컴퓨터공학부 이상구 교수
진 행	김동주
본문디자인	디자인앨리스
발 행 처	코딩이지(Codingeasy)
	'코딩이지'는 '아카데미소프트'의 코딩전문 출판사입니다.
발 행 인	유성천
주 소	경기도 파주시 정문로 588번길 24
홈 페 이 지	www.aso.co.kr / www.asotup.co.kr

※ 이 책은 저작권법에 따라 보호를 받는 저작물이므로 무단 전재와 무단 복제를 금지하며, 이 책 내용의 전부 또는 일부를 이용하려면 반드시 코딩이지의 서면동의를 받아야 합니다.

OT

Orientation (기초학습)

▶ This is Coding 학교편 시리즈의 [처음으로 배우는 코딩 엔트리] 교재의 구성입니다.

순서도(알고리즘)

순서도를 통해 각 CHAPTER 시작 전 코딩의 뇌를 깨우는 준비과정으로 생활 속의 알고리즘을 학습합니다. 또한 빈 곳에 필요한 행동을 적어보고 순차적 구조를 쉽게 이해 할 수 있도록 합니다. 또한 일상생활에서 일어나는 행동을 순서대로 적어 봄으로 컴퓨팅 사고력과 문제해결 능력을 학습합니다.

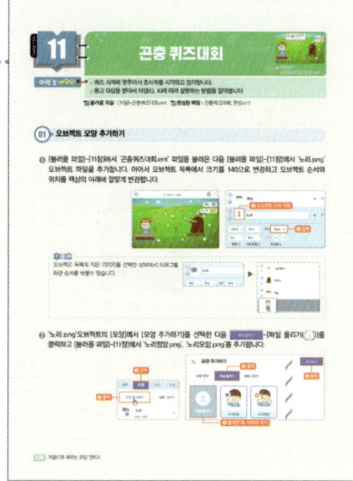

완성작품 미리보기 & 본문 따라하기

각 CHAPTER에서 배울 내용에 대한 기능 설명과 함께 완성된 엔트리 동영상을 미리 확인하고 예제를 통해 쉽게 따라하며 배울 수 있습니다.

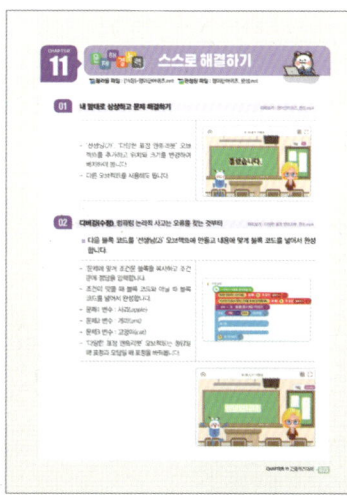

문제해결능력 & 스스로 해결하기

각 CHAPTER가 끝나면 앞에서 배운 내용으로 스스로 문제를 해결하고 컴퓨팅 사고력 키우기 등을 통해 코딩교육 의무화에 대비하였습니다.

엔트리 설치하기

① 아카데미소프트 홈페이지(aso.co.kr)에서 [커뮤니티]-[자료실]-'디코_처음으로 배우는 코딩 엔트리_학습자료'를 다운로드 합니다.

② 또는, 인터넷을 실행하여 주소 입력 칸에 'playentry.org'를 입력한 후 Enter 키를 누릅니다. 엔트리 홈페이지가 열리면 엔트리() 로고 쪽으로 마우스 커서를 이동시킨 후 메뉴가 나오면 [다운로드]를 클릭합니다.

③ 엔트리 다운로드 페이지가 나오면 현재 사용하는 컴퓨터 운영체제 버전에 맞는 엔트리를 클릭합니다.

※ 스크롤바를 아래쪽으로 내리면 버전별로 엔트리 프로그램을 다운 받을 수 있도록 구성되어 있어요.

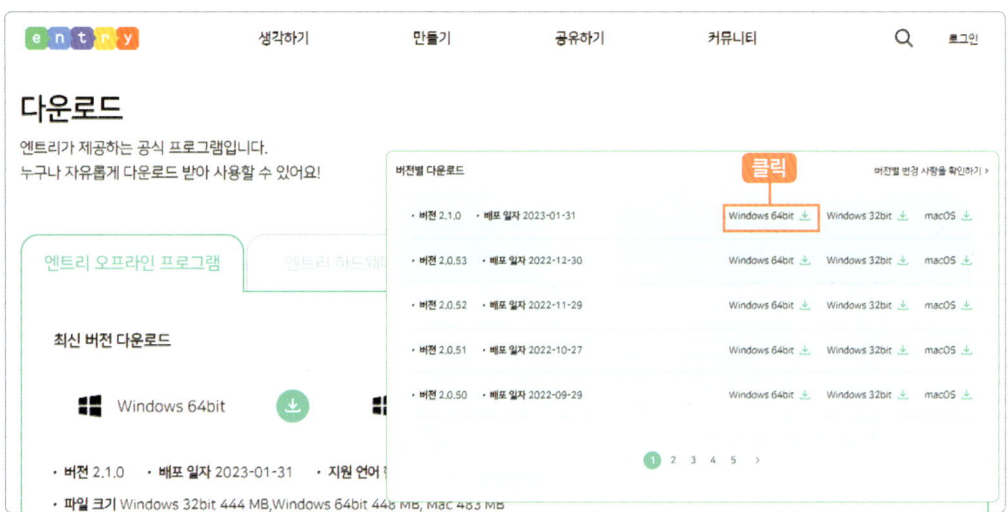

④ 설치 순서(버전 2.1.0) : 다운 받은 설치 파일 'Entry_2.1.0_Setup' 파일을 더블 클릭 → [구성 요소 선택]-<다음> → [설치 위치 선택]-<설치> → [설치 중] → [설치 완료]-<다음> → [엔트리 설치 완료]-<마침> → 엔트리 실행 → 창 닫기

※ 엔트리 설치 후 처음 실행하였을 때 '기본형'을 선택한 후 <확인> 단추를 클릭하세요.

목차 CONTENTS

CHAPTER 01 — 엔트리 시작하기 — 006

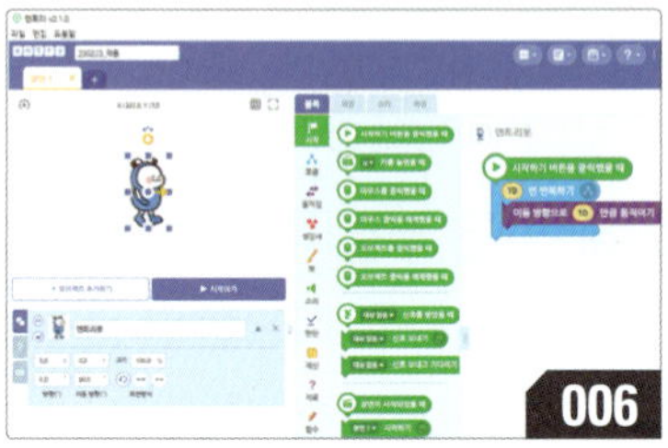

CHAPTER 02 — 오브젝트 알아보기 — 012

CHAPTER 03 — 오브젝트 다루기 — 018

CHAPTER 04 — 생일카드 만들기 — 024

CHAPTER 05 — 블록 코드 복사와 반복문 알아보기 — 030

CHAPTER 06 — 선물상자를 열어보자 — 038

CHAPTER 07 — 깨끗한 바다 만들기 — 044

CHAPTER 08 — 컴퓨팅 사고력 완성하기(종합실습) — 052

CHAPTER 09 — 룰렛으로 간식 정하기 — 054

CHAPTER 10 — 대륙 명칭을 알아보자 — 060

CHAPTER 11 — 곤충 퀴즈대회 — 068

CHAPTER 12 — 달리기 경주 — 074

처음으로 배우는 **코딩 엔트리**

CHAPTER 13
빗방울의 여행

080

CHAPTER 14
미로를 탈출하기

086

CHAPTER 15
산타의 임무

094

CHAPTER 16
컴퓨팅 사고력 완성하기(종합실습)

102

CHAPTER 17
화산이 터지기 전에 피해!

104

CHAPTER 18
아기돼지와 늑대

112

CHAPTER 19
로봇청소기
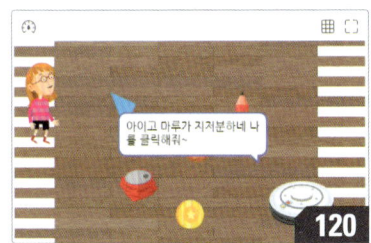
120

CHAPTER 20
나는 홈런왕

128

CHAPTER 21
인공지능 자동차

134

CHAPTER 22
동물 친구들

142

CHAPTER 23
계산기 만들기
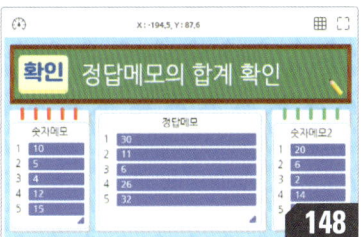
148

CHAPTER 24
컴퓨팅 사고력 완성하기(종합실습)

154

CHAPTER 01 수업준비하기! 코딩의 뇌를 깨우는 5분 스트레칭!

※ 코딩 교육 의무화 대비! 정답은 없어요! 창의력을 위해 자유롭게 적어봅니다.

컴퓨터 나고려은 순서도로 부터!

컴퓨터 시작과 종료 순서를 확인하고 '보기'에서 빈칸에 맞는 필요한 행동을 찾아 적어볼까요?

- 컴퓨터 본체의 (　　) 버튼을 눌러요.
- 컴퓨터가 부팅되면서 시작되요.
- 사용이 끝나면 (　　) 단추를 클릭해요.
- 윈도우의 (　　) 단추를 클릭해요.
- (　　　)를 클릭하여 컴퓨터를 꺼요.

보기

시스템 종료, 전원, 바탕화면, 시작, 설정, 절전, 다시시작, 잠금, 로그아웃

코딩의 뇌를 깨우는 나만의 알고리듬!

문제해결능력! 컴퓨터를 시작 했는데 다음과 같은 상황이라면 어떻게 해야 할까요? '보기'에서 찾아 완성해 보세요.

	나는 이렇게 해요!	도움 요청하기!
윈도우 바탕화면이 나타나지 않을 때	컴퓨터의 (　　) 버튼을 5초 이상 눌러서 강제종료 후 다시 (　　)을 켜봐요.	선생님께 컴퓨터 (　　　)이 나오지 않는다고 말해요.

문제해결능력을 위한 눈코딩!

― 준비물 : 연필

아래 사다리 타기에서 보물을 가지기 위해 출발 지점을 선택하고 원 안에 숫자를 적어보세요.

※ 사다리에 있는 원 안에 숫자는 같은 번호로 이동하는 통로입니다.

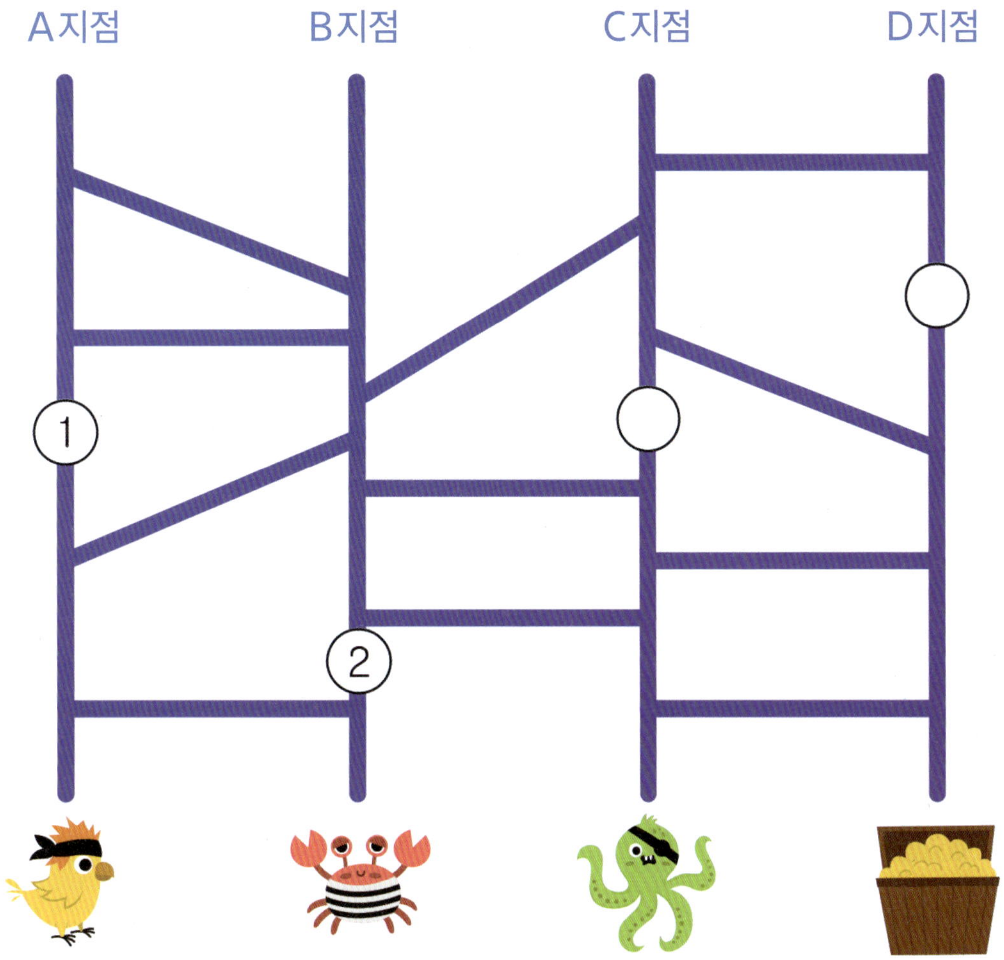

CHAPTER 01 엔트리 시작하기

▲ 미리보기
나의작품_완성.mp4

이런걸 배워요! • 엔트리를 실행하고 오브젝트와 좌표를 알아봅니다.

📁 불러올 파일 : 없음　📁 완성된 파일 : 나의 작품_완성.ent

01 엔트리 살펴보기

❶ [시작]-[EntryLabs]-[엔트리]를 클릭하여 컴퓨터에 설치된 엔트리를 실행합니다.

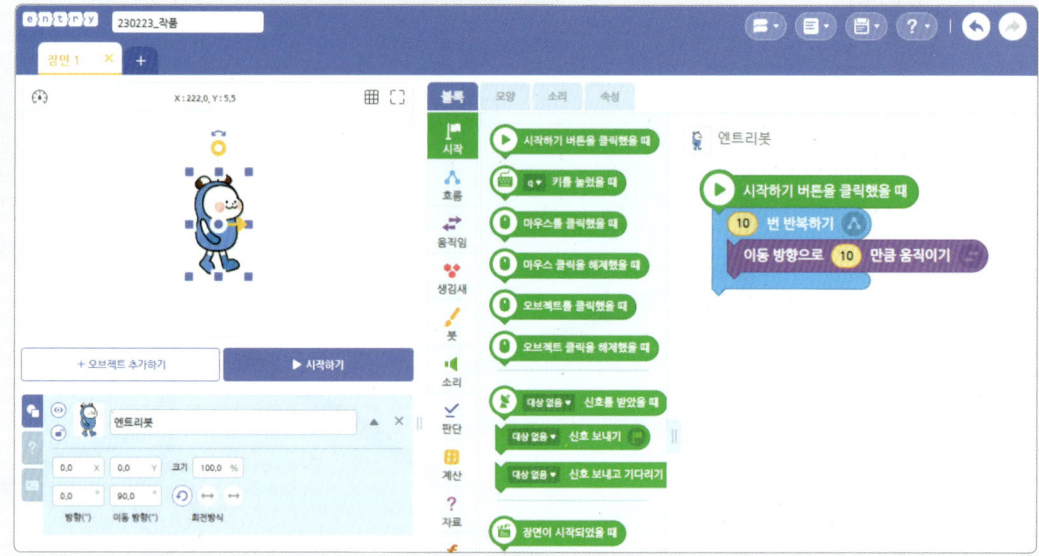

❷ 엔트리의 상단 메뉴를 알아봅니다.

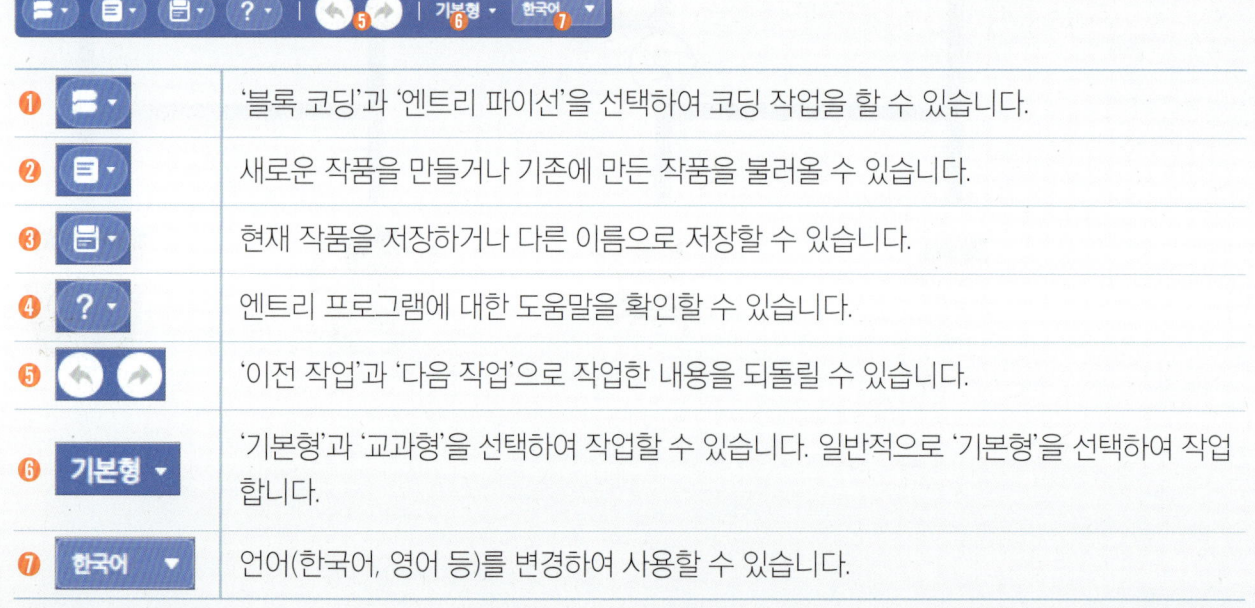

❶		'블록 코딩'과 '엔트리 파이선'을 선택하여 코딩 작업을 할 수 있습니다.
❷		새로운 작품을 만들거나 기존에 만든 작품을 불러올 수 있습니다.
❸		현재 작품을 저장하거나 다른 이름으로 저장할 수 있습니다.
❹		엔트리 프로그램에 대한 도움말을 확인할 수 있습니다.
❺		'이전 작업'과 '다음 작업'으로 작업한 내용을 되돌릴 수 있습니다.
❻	기본형	'기본형'과 '교과형'을 선택하여 작업할 수 있습니다. 일반적으로 '기본형'을 선택하여 작업합니다.
❼	한국어	언어(한국어, 영어 등)를 변경하여 사용할 수 있습니다.

❸ 엔트리의 실행 화면을 알아봅니다.

(속도계 아이콘)	'속도 조절하기'를 클릭하면 작품이 실행되는 속도를 5단계(오른쪽이 가장 빠름)로 조절할 수 있습니다.
(모눈종이 아이콘)	'모눈종이'를 클릭하면 실행화면에 좌표(X축-Y축)가 표시되어 오브젝트의 정확한 위치를 알 수 있습니다.
(전체 화면 아이콘)	'전체 화면'을 클릭하면 작품을 전체 화면으로 크게 볼 수 있습니다.
+ 오브젝트 추가하기	'오브젝트 추가하기'를 클릭하면 새로운 오브젝트를 추가할 수 있습니다. 시작하기를 클릭하면 '일시정지'로 모양(⏸ 일시정지)이 변경되어 실행 화면을 제어할 수 있습니다.
▶ 시작하기	'시작하기'를 클릭하면 [블록 조립소]에서 작업한 코드에 맞추어 작품이 실행됩니다. 시작하기를 클릭하면 '정지하기'로 모양(■ 정지하기)이 변경되어 실행 화면을 제어할 수 있습니다.
∥	'실행 화면 영역 조절' 단추를 좌우로 드래그하여 실행 화면 크기를 조절할 수 있습니다.

02 오브젝트 크기 변경과 X-Y좌표 알아보기

❶ 모눈종이를 클릭하여 실행화면에 좌표를 표시한 후 엔트리봇의 크기를 (70)으로 변경하여 봅니다.

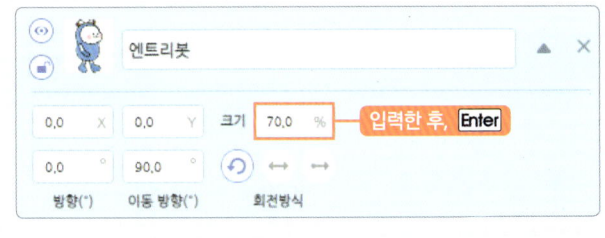

❷ X축은 가로의 위치를 나타내고 범위는 -240(왼쪽)부터 240(오른쪽)까지로 표시합니다. Y축은 세로의 위치를 나타내고 범위는 -135(아래쪽)부터 135(위쪽)까지로 표시합니다. 표시 순서는 X축, Y축으로 나타냅니다.

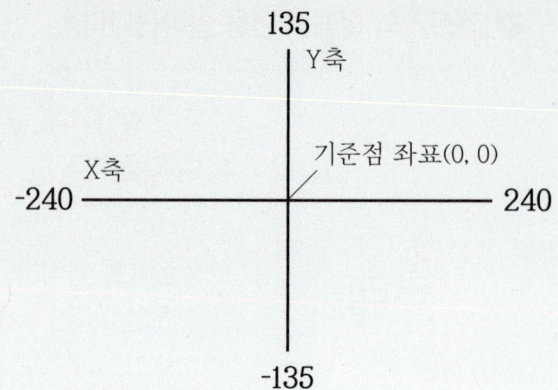

퀴즈

각 번호의 좌표를 확인하고 빈 칸에 숫자를 입력하여 봅니다.

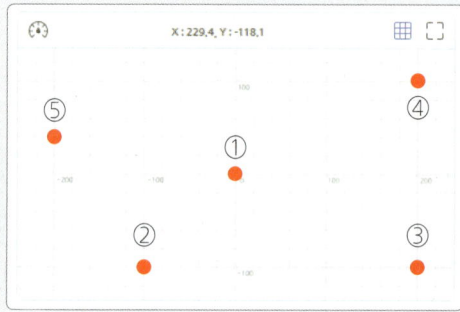

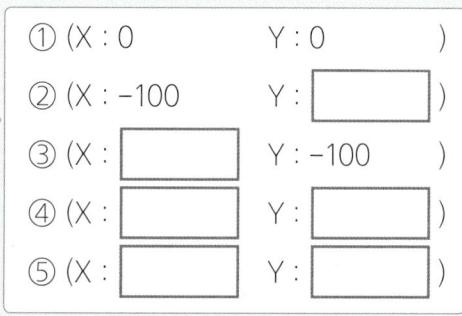

① (X : 0   Y : 0   )
② (X : -100   Y :   )
③ (X :   Y : -100   )
④ (X :   Y :   )
⑤ (X :   Y :   )

03 작품이름 변경하고 저장하기

❶ 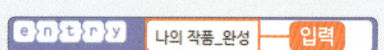 로고 옆 입력 칸에 '나의 작품_완성'을 입력합니다.

❷ 작품이름이 변경되면 상단 메뉴에서 [저장하기] 아이콘을 클릭한 후 [저장하기]를 클릭합니다.

❸ [다른 이름으로 저장] 대화상자가 나오면 '문서'에 본인 이름의 폴더를 만들어서 저장합니다. 파일 이름은 '나의 작품_완성'으로 입력합니다.

CHAPTER 01 스스로 해결하기

■ 불러올 파일 : [01장]-동물친구들.ent   ■ 완성된 파일 : 나의 작품2_완성.ent

01 내 맘대로 상상하고 문제 해결하기

■ 동물친구들.ent 파일을 열어봅니다.

02 엔트리 저장하기

미리보기 : 나의 작품2_완성.mp4

■ 오브젝트를 다음과 같이 크기와 위치를 변경한 다음 본인 이름의 폴더에 '나의 작품2_완성'으로 저장해 봅니다.

HINT!
① 작은 화면에서는 오브젝트를 배치하기 어려우니 전체 화면( )을 클릭하여 작업합니다.
② 오브젝트를 배치하고 다시 원래대로 돌아가려면 이전 크기( )를 클릭합니다.

CHAPTER 02 수업준비하기! 코딩의 뇌를 깨우는 5분 스트레칭!

※ 코딩 교육 의무화 대비! 정답은 없어요! 창의력을 위해 자유롭게 적어봅니다.

컴퓨터 사고력은 순서도로 부터!

공정한 반장선거를 하기위한 순서를 확인하고 '보기'에서 빈칸에 맞는 필요한 행동을 찾아 적어볼까요?

후보를 선정해요.

선정된 후보의 선거 ( )을 들어요.

내가 원하는 친구에게 ( )를 해요.

개표를 해요.

( )를 발표해요.

보기
투표, 반장, 아니오, 후보, 당선자, 개표, 연설, 예, 소감

코딩의 뇌를 깨우는 나만의 알고리듬!

나는 이렇게 해요! 순서도를 보고 알맞은 판단문을 '보기'에서 찾아 완성해 보세요.

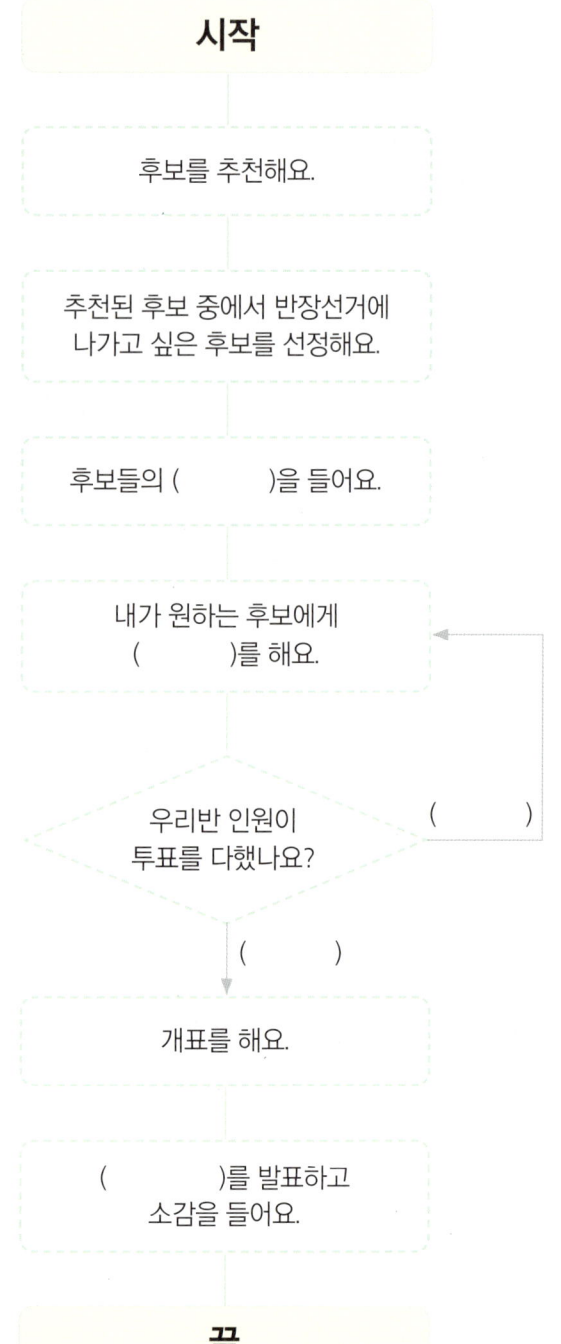

시작

후보를 추천해요.

추천된 후보 중에서 반장선거에 나가고 싶은 후보를 선정해요.

후보들의 ( )을 들어요.

내가 원하는 후보에게 ( )를 해요.

우리반 인원이 투표를 다했나요? ( )

( )

개표를 해요.

( )를 발표하고 소감을 들어요.

끝

문제해결능력을 위한 눈코딩!

– 준비물 : 연필

다음 원 안에 이미지를 보고 사용하는 목적 또는 생각나는 단어를 써보세요.
생각나는 단어에서 추가할 부분이 있으면 더 써도 됩니다.

이름 (　　　　)

이름 (　　　　)

CHAPTER 02 오브젝트 알아보기

CHAPTER 02 오브젝트 알아보기

▲ 미리보기
오브젝트_완성.mp4

이런 걸 배워요! ● 엔트리를 실행하고 오브젝트를 마우스로 변경하는 방법을 알아봅니다.

■ 불러올 파일 : 없음   ■ 완성된 파일 : 오브젝트_완성.ent

01 엔트리를 실행하고 오브젝트를 마우스로 변경하는 방법을 알아봅니다.

① 엔트리를 실행하고 오브젝트의 크기와 위치를 마우스로 이용하여 조절하는 방법을 알아봅니다.

② 화면의 엔트리봇의 조절점을 확인하고 마우스로 움직여 조절하고 다음과 같이 배치 합니다.

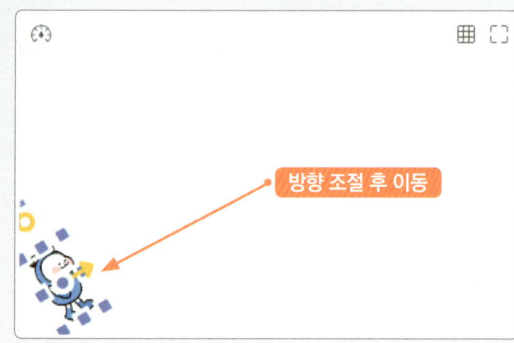

TIP
크기, 방향, 위치 마우스 포인터 모양을 확인하세요.

크기 조절	방향 조절	위치 이동
8개의 조절점으로 오브젝트의 크기를 조절합니다.	마우스로 왼쪽과 오른쪽으로 움직여 오브젝트를 회전합니다.	마우스로 자유롭게 오브젝트 위치를 변경합니다.

③ 오브젝트 목록에서 엔트리봇을 움직이지 못하도록 잠금을 클릭합니다.

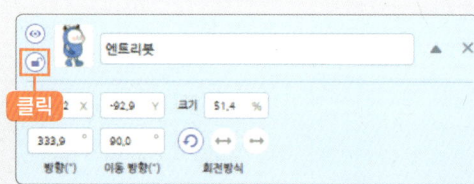

02 오브젝트 추가하기

① 실행화면에서 +오브젝트 추가하기 를 클릭하고 [오브젝트 추가하기] 창이 나오면 [배경]-'공원'을 선택하고 <추가하기> 단추를 클릭합니다.

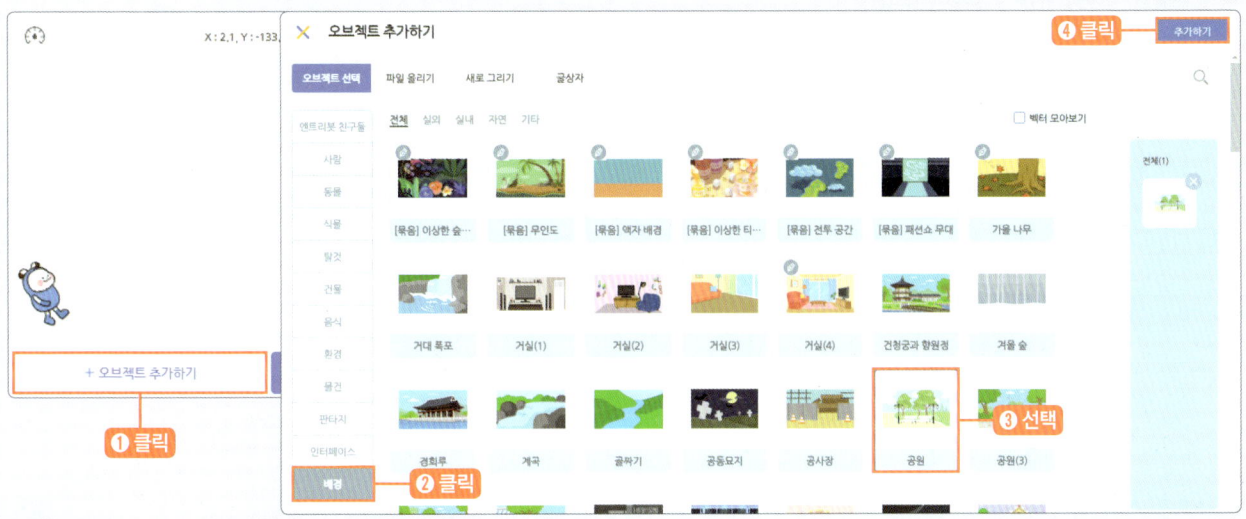

퀴즈

다음 그림과 같이 오브젝트를 추가하여 위치, 크기, 회전을 하여 배치하여 봅니다. 빈칸에 불러온 오브젝트의 그룹 이름과 오브젝트 이름을 적어봅니다.

①		동물, 꼿꼿한 고양이	②		( )
③		( )	④		( )

03 오브젝트 파일 추가하기

❶ 실행 화면에 +오브젝트 추가하기 를 클릭하고 [오브젝트 추가하기] 창이 나오면 [파일 올리기]에서 파일 올리기(⬆)를 클릭합니다.

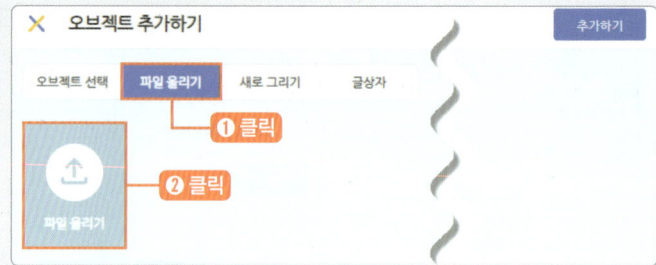

❷ [열기] 대화상자가 나오면 [불러올 파일]-[02장]에서 '어린이.png'파일을 선택하고 [열기]를 클릭한 후 오브젝트가 추가된 것을 확인하고 <추가하기> 단추를 클릭합니다.

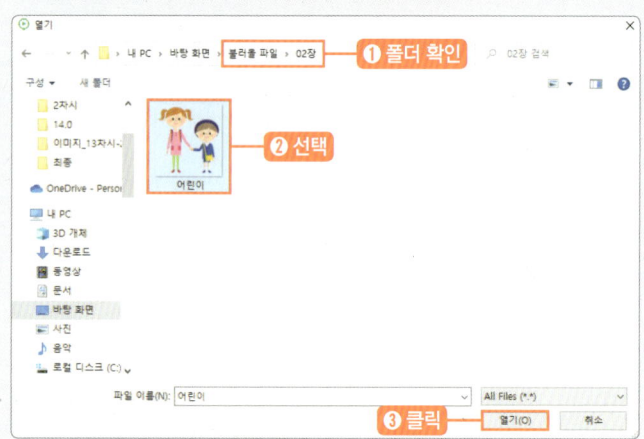

❸ 아래 그림과 같이 오브젝트의 위치와 크기를 변경하여 배치합니다.

❹ 상단 메뉴에서 저장하기 아이콘(💾)을 클릭한 후 [저장하기]를 클릭합니다.

❺ [다른 이름으로 저장] 대화상자가 나오면 '문서'에 본인 이름의 폴더에 저장합니다. 파일 이름은 '오브젝트_완성'을 입력하고 <저장> 단추를 클릭합니다.

CHAPTER 02 문제해결능력 스스로 해결하기

📁 불러올 파일 : [02장]-오브젝트연습.ent   📗 완성된 파일 : 오브젝트2_완성.ent

01 내 맘대로 상상하고 문제 해결하기

■ 오브젝트연습.ent 파일을 열어봅니다.

02 엔트리 저장하기

미리보기 : 오브젝트2_완성.mp4

■ 오브젝트를 불러오고 다음과 같이 크기와 위치를 변경한 다음 본인 이름의 폴더에 '오브젝트2_완성'으로 저장하여 봅니다.
■ **오브젝트** : (1)엔트리봇, 걷고있는 사람(1), 걷고있는 사람(2), 고양이 버스

① 오브젝트는 마우스를 이용하여 크기와 위치를 조정합니다.
② 엔트리봇은 멀리 보이기 때문에 오브젝트를 제일 작게 만들어줍니다.

CHAPTER 02 오브젝트 알아보기

CHAPTER 03 수업준비하기! 코딩의 뇌를 깨우는 5분 스트레칭!

※ 코딩 교육 의무화 대비! 정답은 없어요! 창의력을 위해 자유롭게 적어봅니다.

컴퓨터 사고력은 순서도로 부터!

어린이 교통카드 만들기 순서를 확인하고 '보기'에서 빈칸에 맞는 필요한 행동을 찾아 적어볼까요?

편의점으로 가요.

( ) 교통카드를 신청해요.

2015.07.17

생년월일을 알려줘요.

필요한 만큼 돈을 주고 ( )을 해요.

충전한 ( )을 확인해요.

보기

충전, 문구점, 교통카드, 청소년, 어린이, 신용카드, 편의점, 금액, 예, 아니오

코딩의 뇌를 깨우는 나만의 알고리즘!

문제해결능력! 교통카드를 충전하려고 하는데 나에게 돈이 없다면 어떤 행동을 해야 할지 '보기'에서 찾아 완성해 보세요.

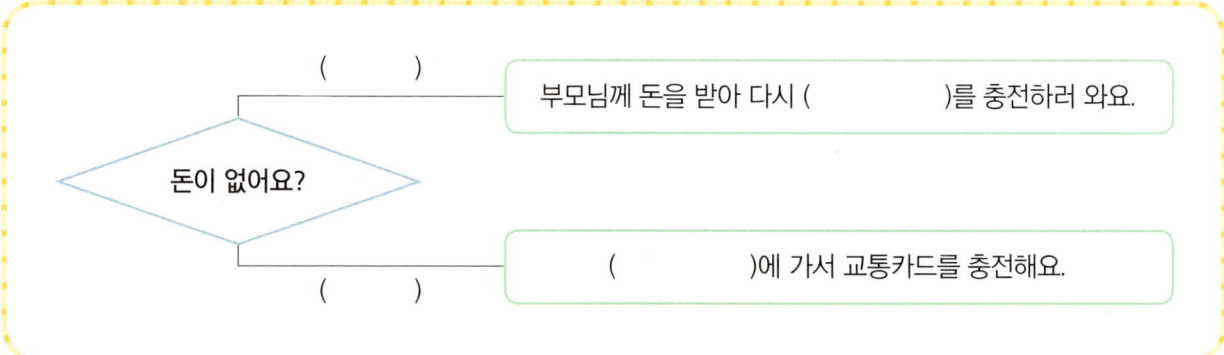

돈이 없어요?

( ) — 부모님께 돈을 받아 다시 ( )를 충전하러 와요.

( ) — ( )에 가서 교통카드를 충전해요.

문제해결능력을 위한 눈코딩!

– 준비물 : 연필

귀여운 강아지가 1부터 20까지 순서대로 선을 연결해서 탈출시켜보세요.

CHAPTER 03 오브젝트 다루기

▲ 미리보기
오브젝트 만들기_완성.mp4

이런 것 배워요! • 오브젝트 파일을 불러와 크기와 방향을 변경하는 방법을 알아봅니다.

■ 불러올 파일 : 없음   ■ 완성된 파일 : 오브젝트 만들기_완성.ent

01 엔트리 실행 및 오브젝트 파일 추가하기

❶ [시작]-[EntryLabs]-[엔트리]를 클릭하여 컴퓨터에 설치된 엔트리를 실행합니다.

❷ 실행 화면의 엔트리봇을 삭제한 다음 ┼오브젝트 추가하기 를 클릭하고 [오브젝트 추가하기] 창이 나오면 [파일 올리기]에서 파일 올리기(⬆)를 클릭합니다.

TIP
오브젝트 삭제

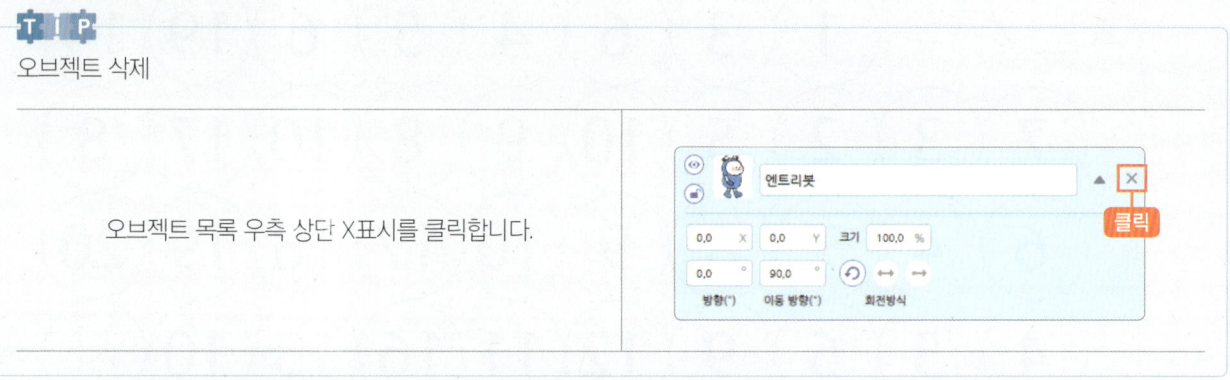

오브젝트 목록 우측 상단 X표시를 클릭합니다.

❸ [열기] 대화상자가 나오면 [불러올 파일]-[03장]에서 '칠교놀이.png' 파일을 선택하고 <열기> 단추를 클릭한 후 오브젝트가 추가된 것을 확인하고 <추가하기> 단추를 클릭합니다.

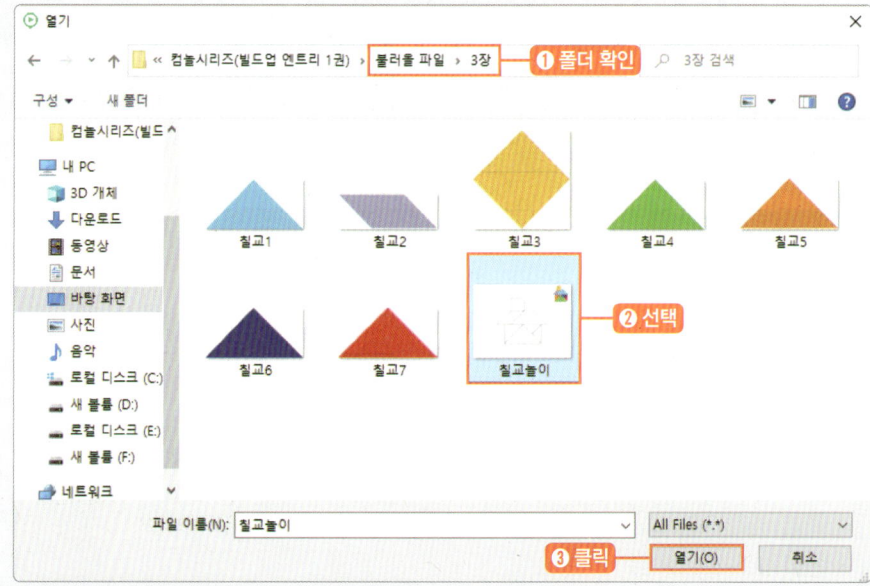

020 처음으로 배우는 코딩 엔트리

❹ 오브젝트 목록에서 칠교놀이 크기(300)으로 변경하고 잠금 설정(🔒)을 클릭합니다.

02 오브젝트 변형 및 이동하기

❶ 실행 화면에서 오브젝트 '칠교1.png' 파일을 불러와서 다음과 같이 이동하고 잠금 설정을 클릭합니다.

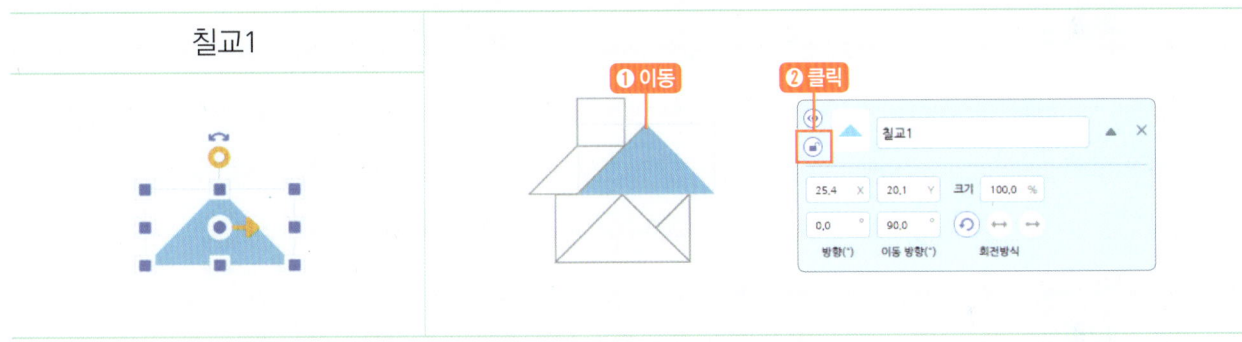

❷ 이어서, 오브젝트 '칠교2.png' 파일을 불러와서 크기(70), 방향(315)으로 변경 후 다음과 같이 이동하고 잠금 설정을 클릭합니다.

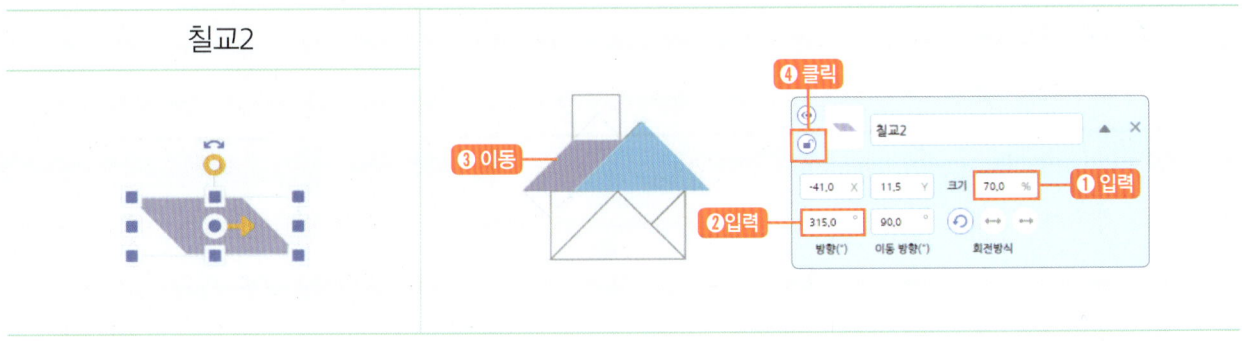

❸ 오브젝트 '칠교3~칠교7.png' 파일을 불러와서 오브젝트 목록의 크기, 방향을 변경 후 다음과 같이 이동하고 잠금 설정을 클릭합니다.

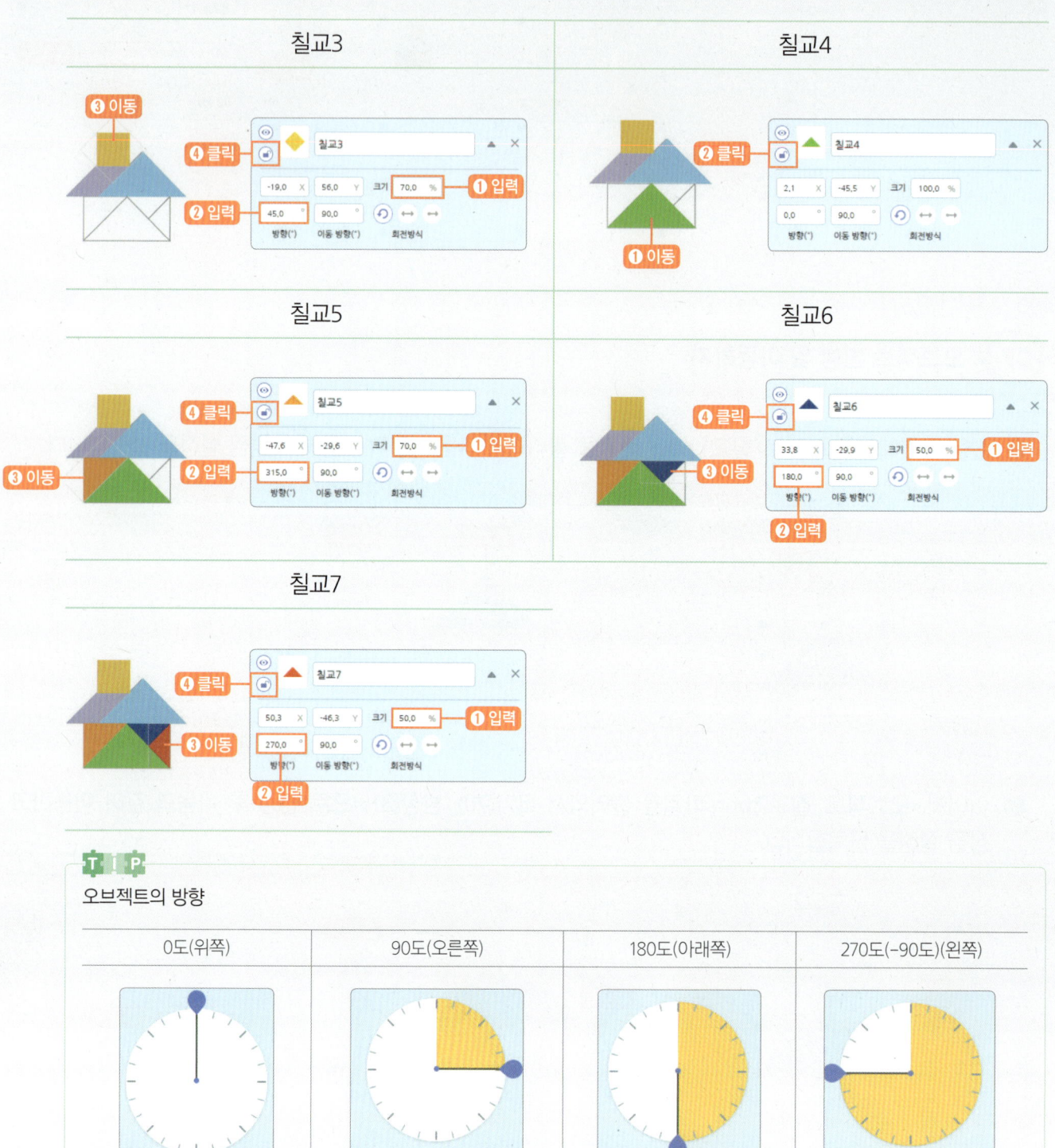

❹ 오브젝트를 완성하면 상단 메뉴에서 저장하기 아이콘( )을 클릭한 후 [저장하기]를 클릭합니다.

❺ [다른 이름으로 저장] 대화상자가 나오면 '문서'에 본인 이름의 폴더에 저장합니다. 파일 이름은 '오브젝트 만들기_완성'으로 입력하고 <저장> 단추를 클릭합니다.

CHAPTER 03  스스로 해결하기

■ 불러올 파일 : [03장]-오브젝트방향.ent   ■ 완성된 파일 : 오브젝트 만들기2_완성.ent

01 내 맘대로 상상하고 문제 해결하기

■ [불러올 파일]-[03장]에서 오브젝트방향.ent 파일을 열어봅니다.

02 내 맘대로 상상하고 문제 해결하기

미리보기 : 오브젝트 만들기2_완성.mp4

■ 오브젝트를 불러와 아래 그림과 같이 크기 및 위치, 방향을 변경하고 본인 이름의 폴더에 '오브젝트 만들기2_완성'으로 저장합니다.

■ **오브젝트** : 파일럿 엔트리봇, 구름 세상, 로켓(3), 하늘나는 배, 파란 비행기

HINT!

① 오브젝트 이름을 알고 있으면 [오브젝트 추가하기] - [검색상자]에서 오브젝트 이름을 입력하여 찾습니다.

② 오브젝트 검색 상자에서 이름을 입력할 때 마지막 글자가 안 보이는 경우 키보드의 방향키 오른쪽(→)을 누르면 전체 글자가 보이게 됩니다.

CHAPTER 04 수업준비하기! 코딩의 뇌를 깨우는 5분 스트레칭!

※ 코딩 교육 의무화 대비! 정답은 없어요! 창의력을 위해 자유롭게 적어봅니다.

컴퓨터 사고력은 순서도로 부터!

계란 후라이 만드는 순서를 확인하고 '보기'에서 빈칸에 맞는 필요한 행동을 찾아 적어볼까요?

- 팬에 불을 켜요.
- 팬에 (　　　)를 부어요.
- 팬이 달구어 지면 (　　　)을 넣어요.
- 계란에 (　　　)을 추가해요.
- 계란을 뒤집어요.
- 계란이 익었으면 예쁜 그릇에 담아요.

보기
예, 아니오, 계란, 소금, 식용유, 후추
고추가루, 팬, 참기름, 고추장, 참기름

코딩의 뇌를 깨우는 나만의 알고리즘!

나는 이렇게 해요! 순서도를 보고 알맞은 판단문을 '보기'에서 찾아 완성해 보세요.

시작

팬에 불을 켜고 불의 세기는 1단으로 해요.

팬에 (　　　)를 조금만 부어요.

불의 세기를 2단으로 조절하고 (　　　)을 넣어요.

팬 뚜껑을 닫아요.

◇ 계란이 내가 원하는 만큼 익었나요? — (　　　)

(　　　)

계란에 (　　　)을 조금만 뿌려요.

계란을 예쁜 그릇에 담아요.

끝

문제해결능력을 위한 눈코딩!

- 준비물 : 연필

다음 팝잇모양의 빈 곳에 들어갈 도형모양이 회전할 번호를 써보세요.

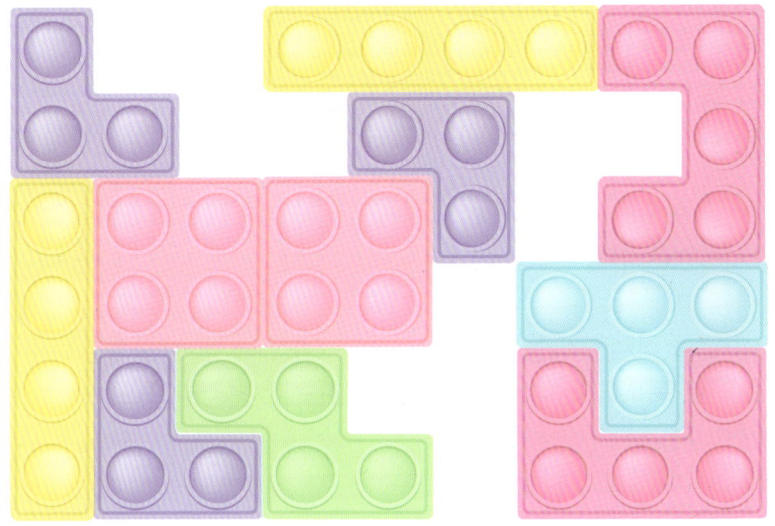

①	왼쪽으로 90도 회전
②	오른쪽으로 90도 회전

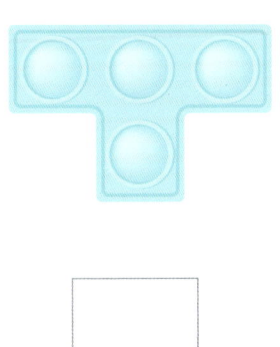 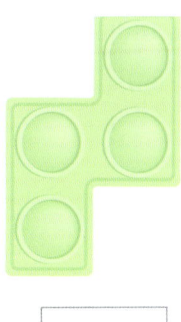 

CHAPTER 04 생일카드 만들기

▲ 미리보기
생일카드_완성.mp4

이런 것 배워요!
- 글상자 오브젝트를 추가합니다.
- 블록 코드로 글씨 색을 변경하는 것을 알아봅니다.

📂 불러올 파일 : 없음   📂 완성된 파일 : 생일카드_완성.ent

01 생일카드 만들기

① [시작]-[EntryLabs]-[엔트리]를 클릭하여 컴퓨터에 설치된 엔트리를 실행합니다.

② 실행 화면의 엔트리봇을 삭제한 다음 [불러올 파일]-[04장]에서 '생일배경.png' 오브젝트 파일을 추가합니다. 이어서, 오브젝트 목록에서 생일배경 크기(400)으로 변경하고 오브젝트 위치를 변경한 다음 잠금설정(🔒)을 클릭합니다.

③ 다음 오브젝트를 불러와서 아래 그림과 같이 오브젝트의 위치와 크기를 변경하여 배치합니다.

■ **오브젝트** : 어린이1.png, 어린이2.png, 어린이3.png, 어린이4.png

02 글상자 오브젝트 추가하기

1. [+오브젝트 추가하기]를 클릭한 다음 [오브젝트 추가하기] 창이 나오면 [글상자]를 클릭하고 글상자 입력칸에 '생일 축하해요!'를 입력합니다.

2. 글꼴은 '나눔손글씨'를 선택하고 '굵게', 글씨색 '파랑'으로 선택하고 <추가하기> 단추를 클릭합니다.

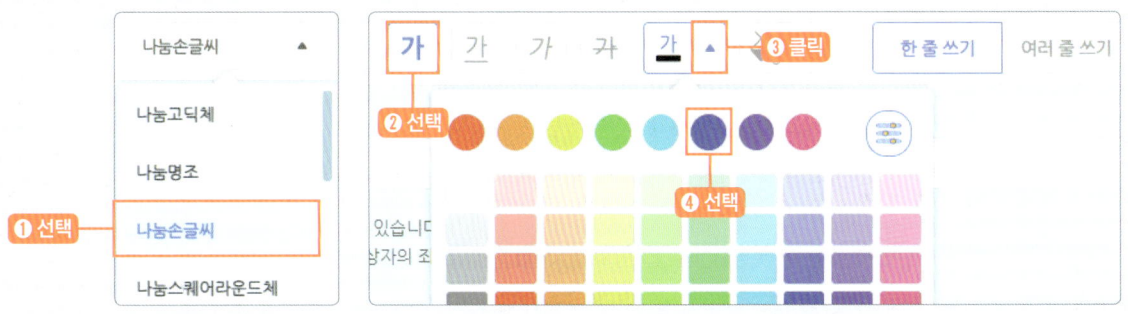

3. 글상자 오브젝트가 추가되면 오브젝트 목록에서 글상자 크기(150)으로 입력하고 오브젝트 위치를 변경합니다.

03 블록 코드 사용하기

1. 오브젝트 목록에서 '생일 축하해요!' 글상자를 클릭하고 아래와 같이 시작 블록 꾸러미를 선택하고 다음과 같이 블록 코드를 이동합니다.

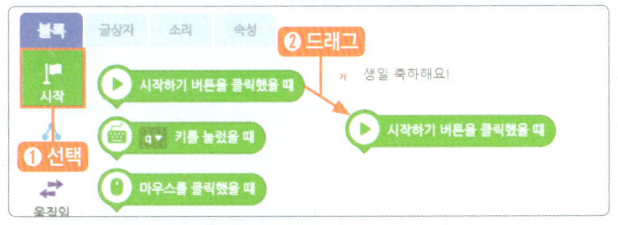

CHAPTER 04 생일카드 만들기 027

❷ 　가　 블록 꾸러미를 선택하고 다음과 같이 블록 코드를 이동하여 다른 블록에 연결합니다.

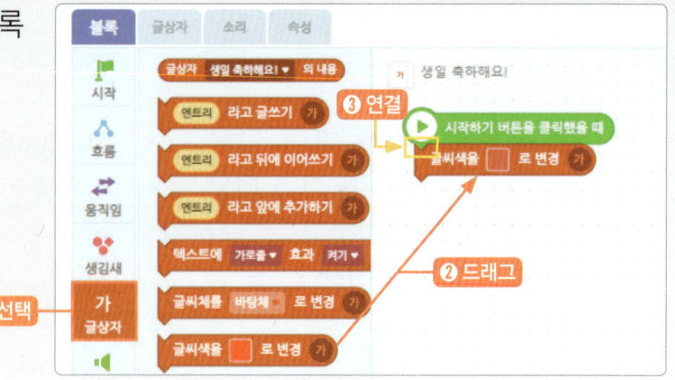

❸ 글씨 색을 변경하기 위해서 블록 코드의 '빨강'을 클릭하고 '주황'으로 클릭하여 글자색을 변경합니다.

❹ 　호름　 블록 꾸러미를 선택하고 　2 초 기다리기　 블록 코드를 이동하여 다른 블록에 연결하고 '2'를 '0.5'로 변경하여 입력합니다.

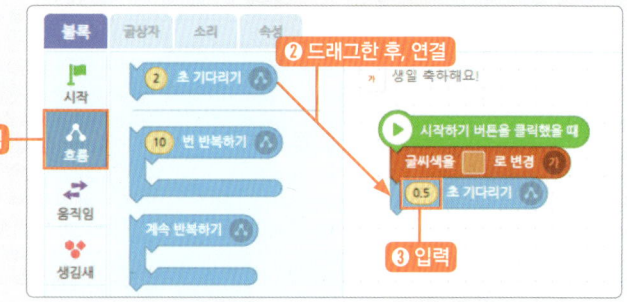

❺ 다음과 같이 블록 코드를 연결하여 완성하고 글씨 색을 변경합니다.
(글씨 색 순서 : 노랑, 초록, 보라, 검정)

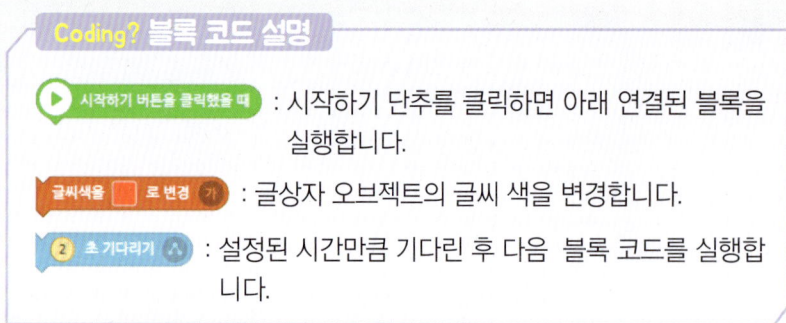

❻ ▶ 시작하기 단추를 클릭하여 글상자 오브젝트의 글꼴 색상이 변하는 것을 확인합니다.

❼ 완성된 엔트리를 '생일카드_완성'으로 본인 이름의 폴더에 저장합니다.

CHAPTER 04  스스로 해결하기

■ 불러올 파일 : [04장]-생일카드연습.ent   ■ 완성된 파일 : 생일카드연습_완성.ent

01 내 맘대로 상상하고 문제 해결하기

미리보기 : 생일카드연습_완성.mp4

■ 글상자를 다음과 같이 수정합니다.
(글상자 수정내용 : 친구야 생일 축하해^^)

02 디버깅(수정)_컴퓨팅 사고력은 오류를 찾는 것부터

미리보기 : 글자색 변경_완성.mp4

- [시작하기] 단추를 클릭하여 실행해 보고 어떤 동작을 하는지 확인합니다.
- 글씨색 변경 순서는 '노랑-검정-파랑-검정-초록'으로 블록 코드를 수정하고 추가를 합니다. 수정된 내용은 본인 이름의 폴더에 '생일카드연습_완성'으로 저장하여 봅니다.

CHAPTER 05 수업준비하기! 코딩의 뇌를 깨우는 5분 스트레칭!

※ 코딩 교육 의무화 대비! 정답은 없어요! 창의력을 위해 자유롭게 적어봅니다.

컴퓨터 사고력은 순서도로 부터! 태극기 게양하는 순서를 확인하고 '보기'에서 빈칸에 맞는 필요한 행동을 찾아 적어볼까요?

보기

현관문, 오른쪽, 왼쪽, 국기함, 창고, 창문, 성조기, 태극기, 중앙, 아파트

코딩의 뇌를 깨우는 나만의 알고리즘! 문제해결능력! 태극기를 게양하는 날을 체크해볼까요?

☐ 설날   ☐ 광복절   ☐ 3·1절   ☐ 제헌절

☐ 한글날   ☐ 추석   ☐ 개천절   ☐ 식목일

문제해결능력을 위한 느코딩!

– 준비물 : 연필

보기와 같은 퍼즐모양을 찾아 동그라미 하세요

CHAPTER 05 블록 코드 복사와 반복문 알아보기

▲ 미리보기
반복문_완성.mp4

이런것 배워요!
- 블록 코드를 복사하는 방법과 반복문 명령을 사용하는 이유를 알아봅니다.
- 완성된 오브젝트 전체를 복사하는 방법을 알아봅니다.

📁 불러올 파일 : 없음   📁 완성된 파일 : 반복문_완성.ent

01 블록 코드 삭제 및 오브젝트 추가

❶ [시작]-[EntryLabs]-[엔트리]를 클릭하여 컴퓨터에 설치된 엔트리를 실행합니다.

❷ 엔트리봇의 [10번 반복하기] 블록 코드를 마우스 왼쪽 단추로 클릭하여 휴지통으로 드래그합니다.

❸ '배경-놀이터' 오브젝트를 추가하고 엔트리봇의 위치(X : -180, Y : -60)를 지정합니다.

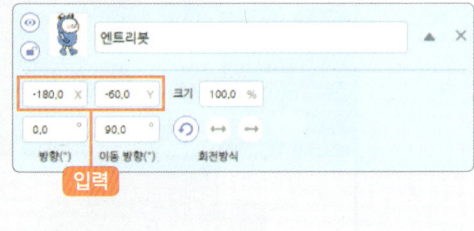

02 엔트리봇 이동하기

❶ 엔트리봇을 이동하기 위하여 다음과 같이 블록 코드를 연결하고 이동 방향 값(20)으로 수정합니다.

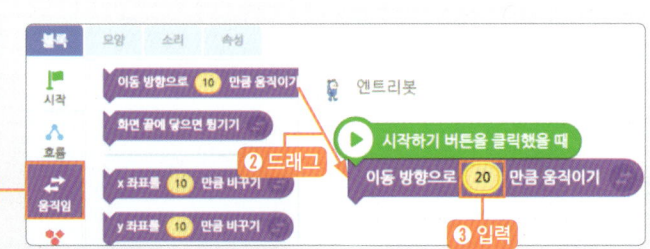

❷ 같은 블록 코드를 만들기 위해서 블록 코드에서 마우스 오른쪽 단추를 눌러 [코드 복사 & 붙여넣기]를 선택하고 블록 코드를 연결합니다.

❸ 첫 번째 블록을 선택한 다음 [코드 복사 & 붙여넣기]를 선택하면 2개의 블록을 복사 할 수 있습니다. 8개의 블록 코드를 복사하여 총 10개의 블록 코드를 만듭니다.

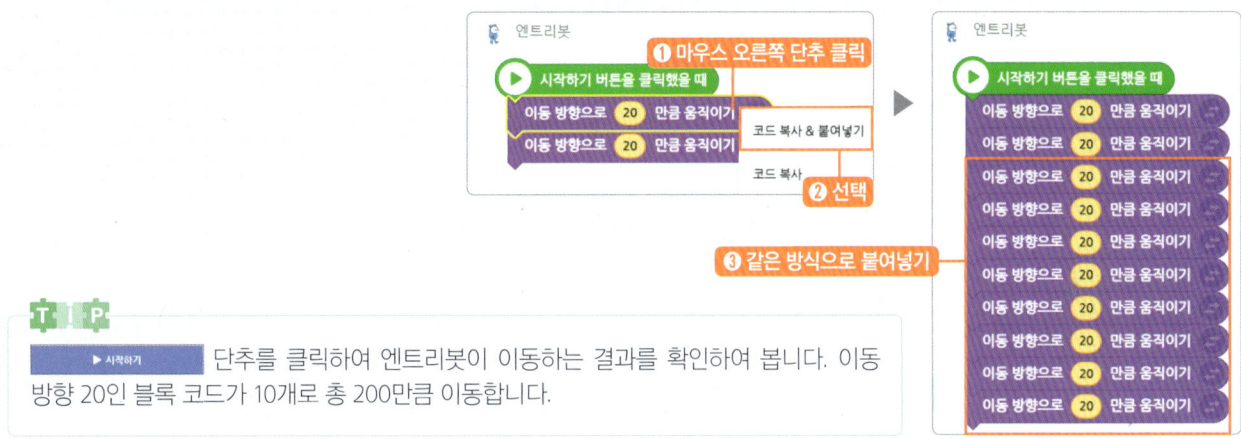

> **TIP**
> ▶시작하기 단추를 클릭하여 엔트리봇이 이동하는 결과를 확인하여 봅니다. 이동 방향 20인 블록 코드가 10개로 총 200만큼 이동합니다.

❹ 첫 번째 블록 코드만 남기고 나머지 블록 코드는 삭제를 한 후 다음과 같이 블록 코드를 연결합니다.

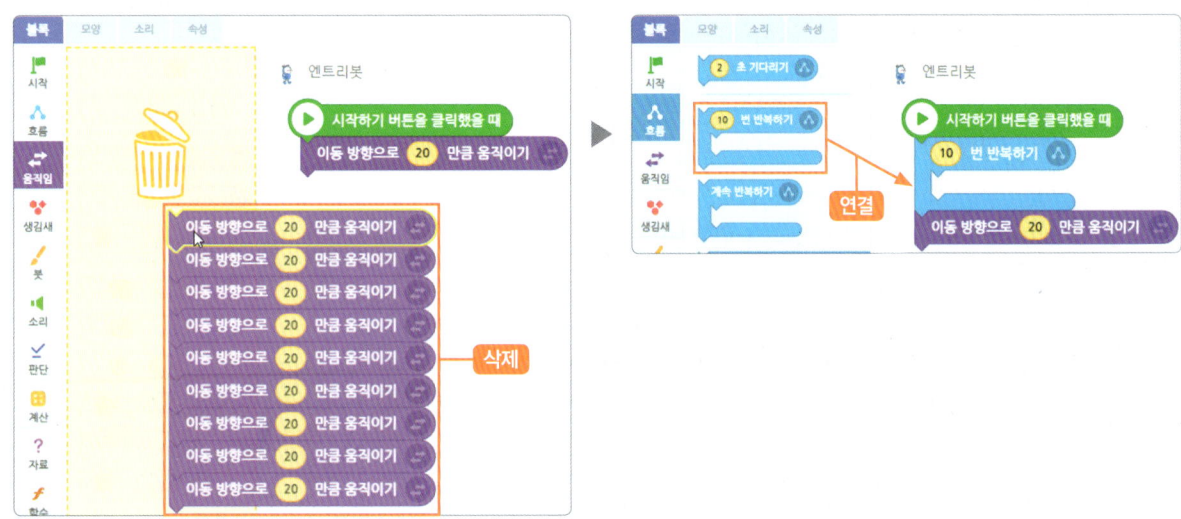

❺ 이동 방향 블록 코드를 [10번 반복하기] 블록 코드 안쪽으로 드래그합니다.

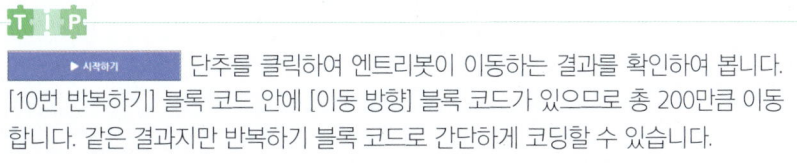

> **TIP**
> ▶시작하기 단추를 클릭하여 엔트리봇이 이동하는 결과를 확인하여 봅니다. [10번 반복하기] 블록 코드 안에 [이동 방향] 블록 코드가 있으므로 총 200만큼 이동합니다. 같은 결과지만 반복하기 블록 코드로 간단하게 코딩할 수 있습니다.

03 오브젝트 모양 변경하기

❶ 다음과 같이 블록 코드를 완성합니다.
([기다리기] 블록 코드의 숫자값은 '0.2'로 변경하고, [말하기] 블록 코드는 '안녕! 같이 놀자'를 입력합니다.)

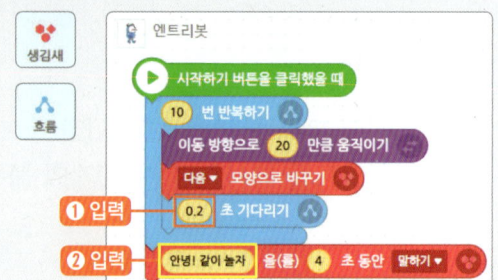

퀴즈

[0.2초 기다리기] 블록 코드는 총 10번 반복하므로 2초간 이동합니다.
아래 빈 칸에 숫자를 써보고 블록 코드를 수정하여 결과를 확인해 봅니다.
- 이동시간이 3초로 변경하기 위해서는 (   )초 기다리기 블록 코드를 수정
- 이동시간이 5초로 변경하기 위해서는 (   )초 기다리기 블록 코드를 수정

TIP

[다음 모양으로 바꾸기] 블록 코드는 [모양]에서 2개 이상의 오브젝트가 있어야 걷는 모양으로 나타나게 됩니다.

Coding? 블록 코드 설명

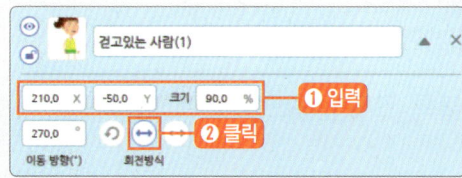

: 입력한 횟수만큼 감싸고 있는 블록을 실행합니다.

: 입력한 내용을 입력한 시간 동안 말풍선으로 표시합니다.

04 오브젝트 추가와 블록 코드 복사하기

❶ '사람-걷고있는 사람(1)'을 추가하고 다음과 같이 위치(X : 210, Y : -50), 크기(90), 회전방식(↔), 이동방향(270)을 지정합니다.

❷ 오브젝트 목록의 엔트리봇을 선택하고 블록 코드의 첫 번째 블록에서 마우스 오른쪽 단추를 눌러 [코드 복사]를 선택합니다.

❸ 오브젝트 목록의 걷고있는 사람(1)을 선택하고 블록 코드 영역에 마우스 오른쪽 단추를 눌러 [붙여넣기]를 선택합니다.

 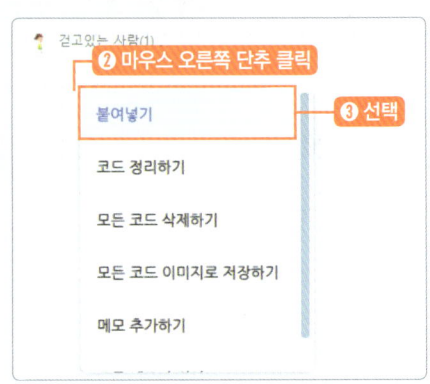

❹ 다음과 같이 블록 코드를 수정하고 추가합니다.
([이동방향] 블록 코드의 숫자 값은 '5'로 변경하고, [기다리기] 블록 코드를 추가하고 숫자 값은 '1'로 변경합니다. [말하기] 블록 코드는 '그래'를 입력합니다.)

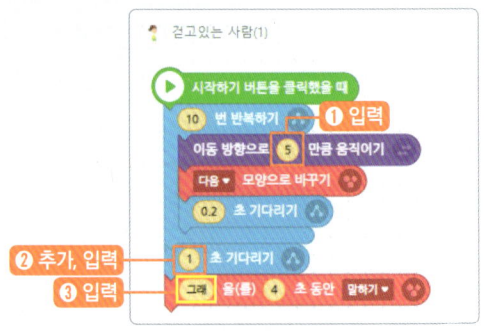

❺ ▶시작하기 단추를 클릭하여 오브젝트가 움직이고 모양이 바뀌는 것을 확인합니다.

❻ 완성된 엔트리를 '반복문_완성'으로 본인 이름의 폴더에 저장합니다.

CHAPTER 05 문제해결능력 스스로 해결하기

■ 불러올 파일 : [05장]-도착지점.ent   ■ 완성된 파일 : 도착지점_완성.ent

01 내 맘대로 상상하고 문제 해결하기

미리보기 : 도착지점_완성.mp4

- '곰돌이' 오브젝트에 다음과 같이 블록 코드를 만들고 실행합니다. 그리고 '곰돌이' 오브젝트가 걷는 모양으로 보이도록 블록 코드를 수정합니다.

- '곰돌이' 오브젝트를 다음과 같이 변경하고 실행합니다.
  반복하기를 100으로 변경하고 이동 방향은 2로 변경 후 [기다리기] 블록은 반복하기에서 빼도록 합니다.
  [실행하기]를 클릭해서 '곰돌이' 오브젝트가 빠르게 움직이는지 확인합니다.

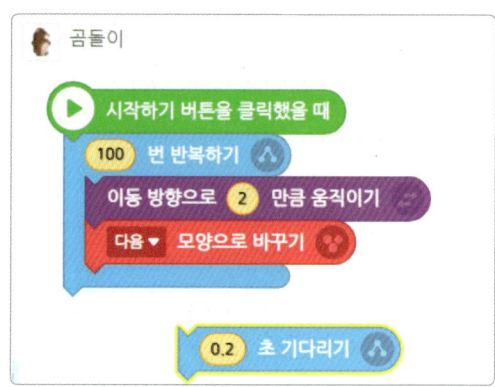

- 걷는 모양을 빠르게 변화하여도 좋습니다.
  (예를 들어 20번 반복으로 5만큼 움직이기)

02 내 맘대로 상상하고 문제 해결하기

미리보기 : 곰돌이_완성.mp4

■ '곰돌이' 오브젝트의 블록 코드를 '엔트리봇' 오브젝트로 복사하고 '엔트리봇'과 '곰돌이' 오브젝트를 빨간색 원 표시에 도착하도록 블록 코드를 수정합니다.

HINT!
① 반복하기와 이동 방향 숫자의 크기를 변경하여 실행합니다.
② 반복하기 숫자를 너무 크게 하면 도착지점으로 가는 시간이 오래 걸립니다. 반복하기 횟수에 주의하세요.

CHAPTER 06 수업준비하기! 코딩의 뇌를 깨우는 5분 스트레칭!

※ 코딩 교육 의무화 대비! 정답은 없어요! 창의력을 위해 자유롭게 적어봅니다.

컴퓨터 사고력은 순서도로 부터!

화재 발생시 대피 순서를 확인하고 '보기'에서 빈칸에 맞는 필요한 행동을 찾아 적어볼까요?

불을 발견하면 (　　　)라고 외쳐요.

작은 불은 (　　) 등을 이용하여 불을 꺼요.

불을 끄기가 어려우면 지체없이 (　　　)으로 신속히 대피해요.

연기 발생시 젖은 수건등으로 (　　　)를 막고 낮은 자세로 대피해요.

건물 밖으로 나와 (　　　)에 신고해요.

보기

도둑이야, 불이야, 엘리베이터, 계단, 소화기, 방망이, 입과 코, 손목, 112, 119

코딩의 뇌를 깨우는 나만의 알고리즘!

문제해결능력! 화재 발생시 "어디로 대피"해야 하는지 "○", "×"를 표기해 보세요.

문제해결능력을 위한 눈코딩!

— 준비물 : 연필

아래 그림의 숫자 규칙을 확인하고 빈 칸에 입력해보세요.

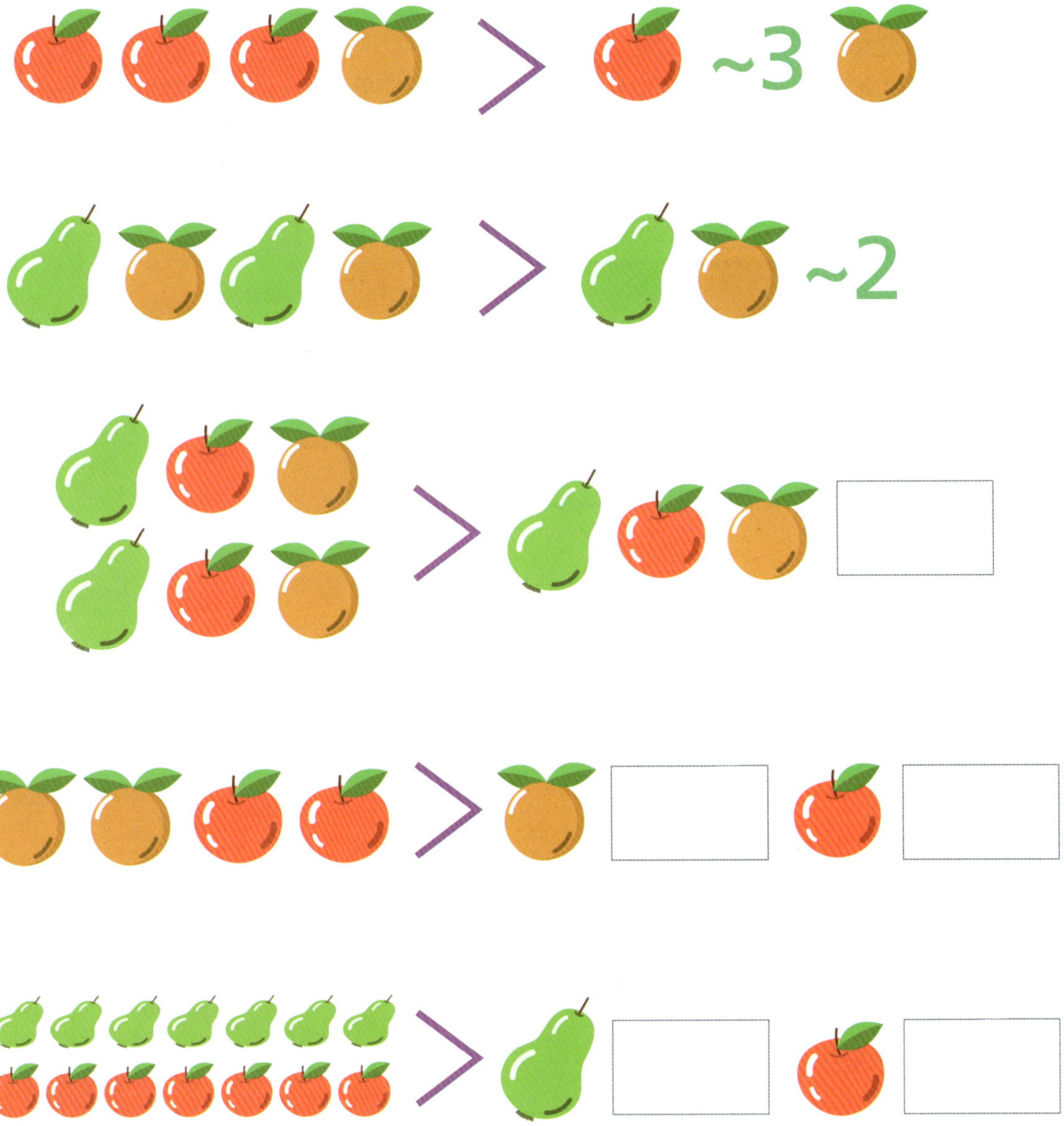

🍎🍎🍎🍊 > 🍎 ~3 🍊

🍐🍊🍐🍊 > 🍐🍊 ~2

🍐🍎🍊🍐🍎🍊 > 🍐🍎🍊 ☐

🍊🍊🍎🍎 > 🍊 ☐ 🍎 ☐

🍐🍐🍐🍐🍐🍐🍐🍎🍎🍎🍎🍎🍎🍎 > 🍐 ☐ 🍎 ☐

CHAPTER 06 선물상자를 열어보자

CHAPTER 06 선물상자를 열어보자

▶ 미리보기
선물상자_완성.mp4

이런 걸 배워요!
- 선물상자 오브젝트에서 다른 오브젝트로 변경되게 만들어봅니다.
- 오브젝트 복사하는 방법을 알아봅니다.

■ 불러올 파일 : [06장]-선물상자.ent   ■ 완성된 파일 : 선물상자_완성.ent

01 오브젝트 이벤트 알아보기

❶ [불러올 파일]-[06장]에서 '선물상자.ent' 파일을 불러온 다음 '물건-선물상자'를 추가하고 다음과 같이 변경합니다.
(오브젝트 이름 ('선물상자1'), 위치(X : -130, Y : 60), 크기(50))

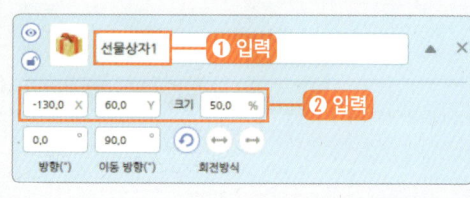

❷ '선물상자1' 오브젝트에서 [모양]을 선택하고 [모양 추가하기]를 클릭합니다. 이어서, '음식-바나나(2)_1'을 추가하고 '선물상자_1'을 클릭합니다.

> **TIP**
> '바나나' 모양을 추가하고 '선물상자'를 선택해야 선물 상자에서 바나나로 변경되는 이벤트를 만들 수 있습니다.

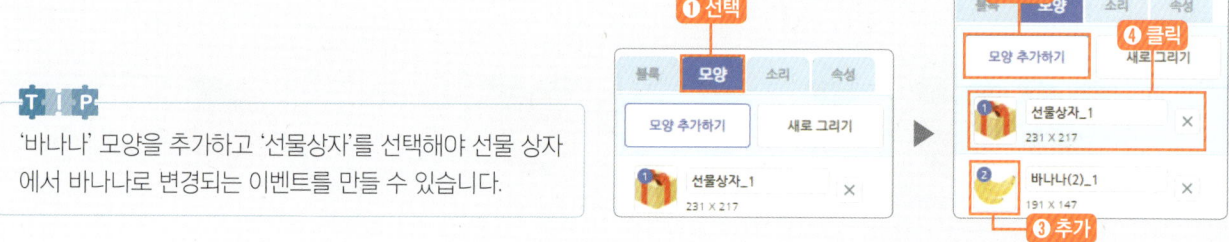

❸ [블록] 탭을 선택하고 '선물상자1' 오브젝트에 다음과 같이 블록 코드를 완성합니다.
([반복하기] 블록 코드(20), [모양으로 바꾸기] 블록 코드('바나나(2)_1'))

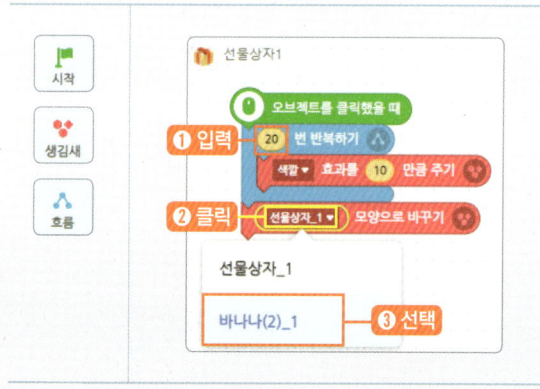

❹ [▶시작하기] 단추를 클릭하고 '선물상자1'을 클릭하면 색상이 변하면서 '바나나' 모양으로 변경이 됩니다. 여기서 이상한 점은 '바나나' 오브젝트의 색상이 다르게 보이게 됩니다. 이유는 '선물상자'의 색깔 효과가 있어서 '바나나' 오브젝트의 색상도 바뀌게 됩니다.

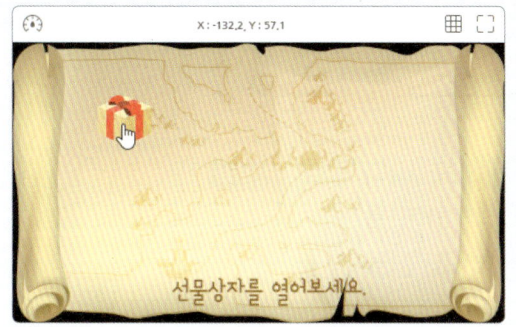 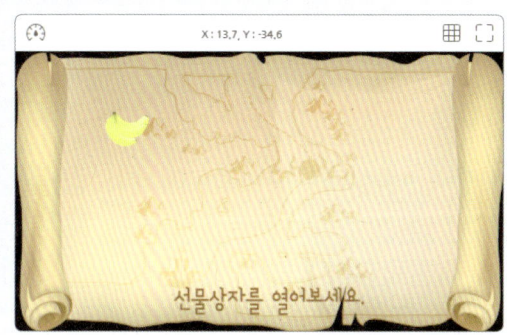

❺ '바나나' 오브젝트 색상을 제거하기 위해 다음과 같이 블록 코드를 완성합니다.
([말하기] 블록 코드는 '바나나가 나왔어요!'를 입력합니다.)

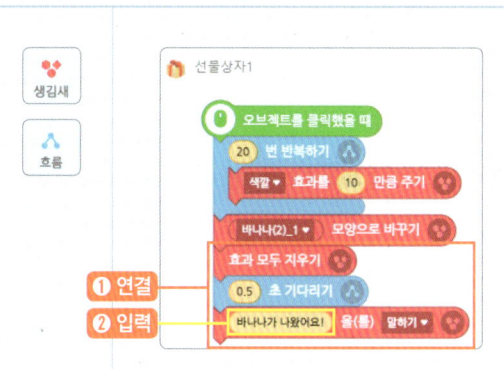

Coding? 블록 코드 설명

- [색깔▼ 효과를 10 만큼 주기] : 오브젝트가 가지고 있는 색상을 바꿔주는 명령입니다. 숫자를 크게 할수록 다른 색상으로 변하게 됩니다.
- [효과 모두 지우기] : 오브젝트의 변경된 효과를 제거합니다.
- [대상 없음▼ 모양으로 바꾸기] : 선택한 오브젝트 모양으로 바꿔주는 명령입니다.

02 오브젝트 복제하기

❶ 오브젝트 목록에서 마우스 오른쪽 단추를 클릭하고 [복제]를 선택합니다.

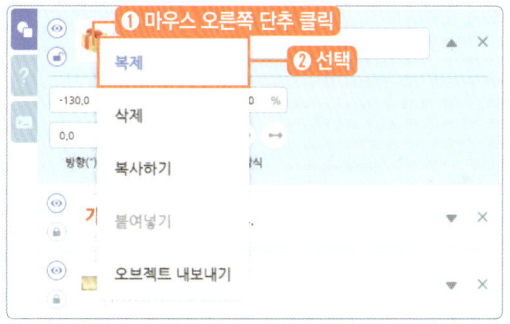

❷ 복제된 오브젝트를 다음과 같이 변경합니다.
(위치(X : 120, Y : 20))

 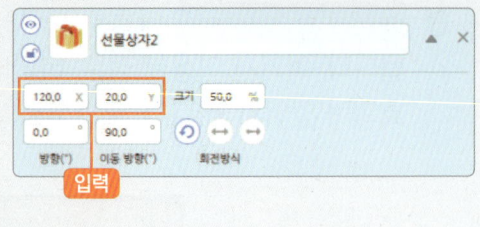

❸ '선물상자2' 오브젝트에서 [모양]을 선택하고 '바나나(2)_1' 오브젝트를 삭제한 후, [모양 추가하기]를 클릭합니다. 이어서, '음식-귤_1'을 추가하고 '선물상자_1'을 클릭합니다.

❹ [블록] 탭을 선택하고 '선물상자2' 오브젝트에 다음과 같이 블록 코드를 완성하여 봅니다.
([모양으로 바꾸기] 블록 코드는 '귤_1'로 변경, [말하기] 블록 코드는 '맛있는 귤!'을 입력합니다.)

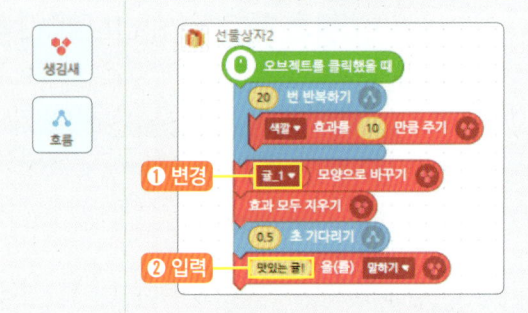

❺ '선물상자3'을 복제하고 오브젝트를 다음과 같이 변경합니다.
(위치(X : -50, Y : -50))

 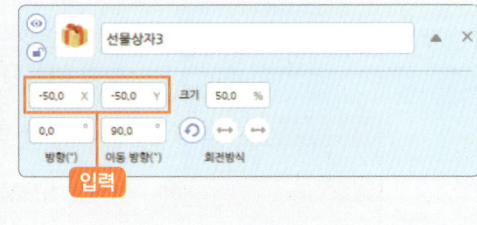

❻ '선물상자3' 오브젝트 모양은 '음식-꿀단지_1'을 추가하고 블록 코드를 수정합니다.
([말하기] 블록 코드는 '달콤한 꿀!'을 입력합니다.)

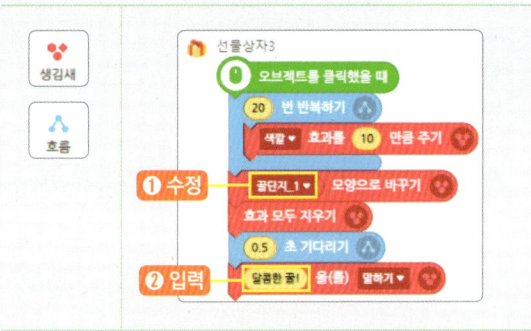

❼ ▶시작하기 단추를 클릭하여 선물상자를 클릭한 다음 오브젝트가 바뀌는지 확인합니다.

❽ 완성된 엔트리를 '선물상자_완성'으로 본인 이름의 폴더에 저장합니다.

CHAPTER 06 — 문제해결능력 스스로 해결하기

■ 불러올 파일 : [06장]-엔트리봇변신.ent　■ 완성된 파일 : 엔트리봇변신_완성.ent

01 내 맘대로 상상하고 문제 해결하기

■ '엔트리봇1'의 [모양 추가하기]로 오브젝트를 추가합니다.
■ 자유롭게 모양을 추가해도 됩니다.

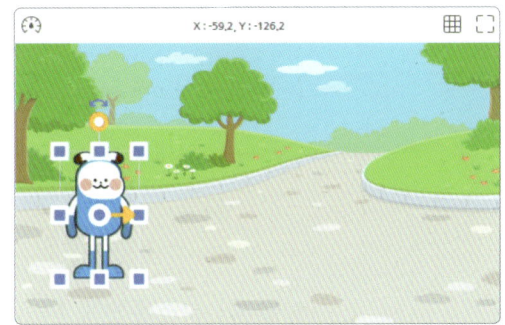
▲ 수정 전 미리보기 : 엔트리봇 변신.mp4

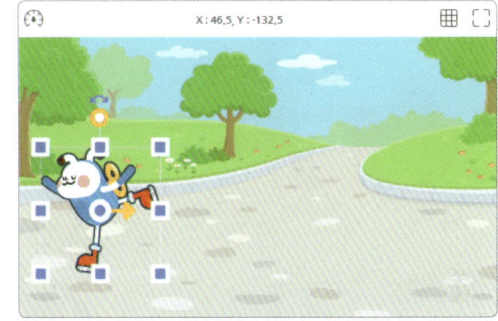
▲ 수정 후 미리보기 : 엔트리봇 변신_완성.mp4

02 디버깅(수정)_컴퓨팅 논리적 사고는 오류를 찾는 것부터

– '엔트리봇1'에 블록 코드를 만들고 오브젝트를 클릭했을 때 모양이 바뀌게 수정해 보세요.

■ '엔트리봇' 오브젝트를 복제하고 오브젝트를 클릭하면 다음과 같은 모양으로 바뀌도록 수정합니다.

▲ 수정 전 미리보기 : 엔트리봇 복제.mp4

▲ 수정 후 미리보기 : 엔트리봇 복제_완성.mp4

CHAPTER 06 선물상자를 열어보자　043

CHAPTER 07 수업준비하기! 코딩의 뇌를 깨우는 5분 스트레칭!

※ 코딩 교육 의무화 대비! 정답은 없어요! 창의력을 위해 자유롭게 적어봅니다.

컴퓨터 사고력은 순서도로 부터!

소화기 사용 순서를 확인하고 '보기'에서 빈칸에 맞는 필요한 행동을 찾아 적어볼까요?

- ( )를 불이 난 곳으로 이동해요.
- 손잡이 부분의 ( )을 뽑아줘요.
- ( )을 등지고 서서 호스를 불쪽으로 향하게 해요.
- 손잡이를 힘껏 움켜쥐고 ( )를 쓸 듯이 뿌려줘요.
- 불이 꺼진 것을 확인해요.

보기
소방서, 경찰서, 계단, 엘리베이터, 예, 아니오, 소화기, 안전핀, 빗자루, 바람

코딩의 뇌를 깨우는 나만의 알고리즘!

나는 이렇게 해요! 순서도를 보고 알맞은 판단문을 '보기'에서 찾아 완성해 보세요.

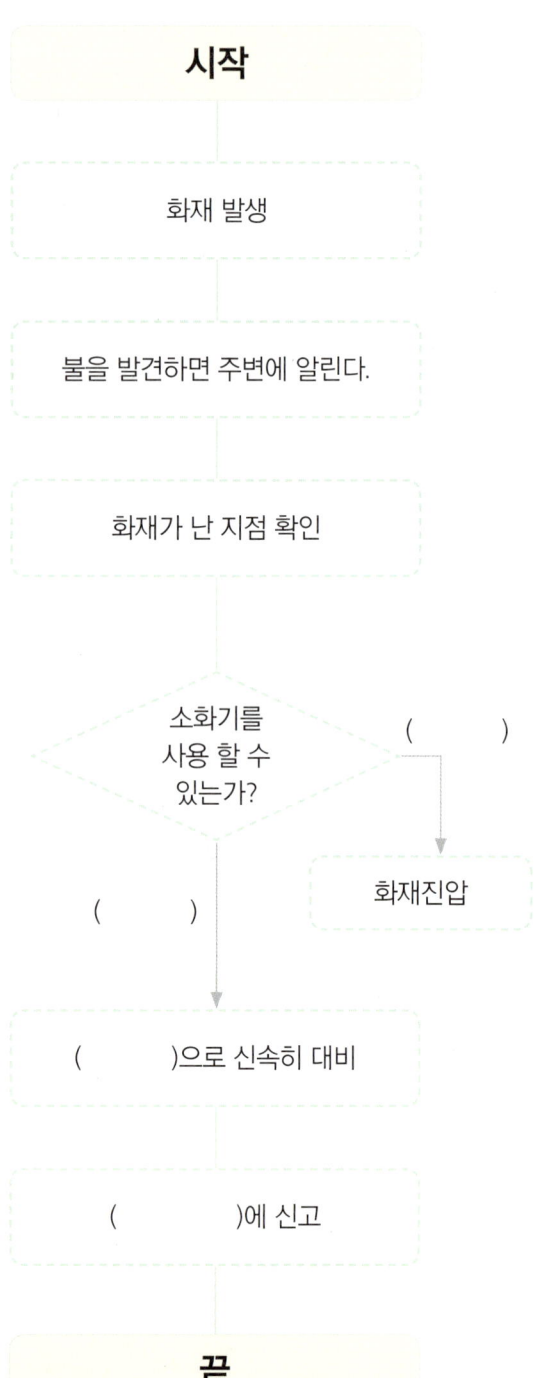

시작 → 화재 발생 → 불을 발견하면 주변에 알린다. → 화재가 난 지점 확인 → 소화기를 사용 할 수 있는가? → ( ) → 화재진압 / ( ) → ( )으로 신속히 대비 → ( )에 신고 → 끝

문제해결능력을 위한 언코딩!

– 준비물 : 연필

로봇이 집으로 가기위해서 왼쪽 또는 오른쪽으로 회전하는 번호를 빈 칸에 써보세요.

① 왼쪽으로 회전　　② 오른쪽으로 회전

정답

CHAPTER 07 깨끗한 바다 만들기

CHAPTER 07 깨끗한 바다 만들기

▲ 미리보기
바다청소_완성.mp4

- 잠수부 오브젝트에서 바다에 있는 쓰레기 오브젝트로 이동하여 쓰레기만 사라지게 만듭니다.
- 물고기 오브젝트에 조건문을 이용하는 방법을 알아봅니다.

■ 불러올 파일 : [07장]-바다청소.ent   ■ 완성된 파일 : 바다청소_완성.ent

01 오브젝트 추가하기

❶ [불러올 파일]-[07장]에서 '바다청소.ent' 파일을 불러온 후 '사람-잠수부(2)'를 추가하고 다음과 같이 변경합니다.
(오브젝트 이름 ('잠수부2'), 위치(X : -180, Y : 70), 크기(50))

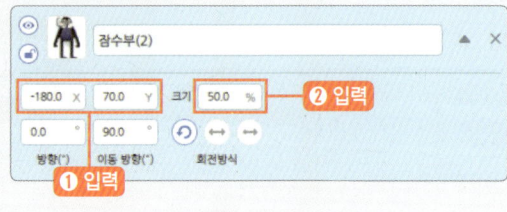

❷ 다음 오브젝트를 불러와서 아래 그림과 같이 오브젝트의 위치와 크기를 변경하여 배치합니다.

■ **오브젝트** : 안경, 판다인형, 축구공, 우유200ml, 봉지라면, 사이다, 물고기, 빨간 물고기, 등푸른 물고기, 문어(2)

❸ '잠수부(2)' 오브젝트에서 [모양]을 선택하고 '잠수부(2)_4' 모양의 크기와 방향을 아래 그림과 같이 변경합니다.
(순서 : 크기(w : 200, h : 320), 반전(좌우), 저장하기)

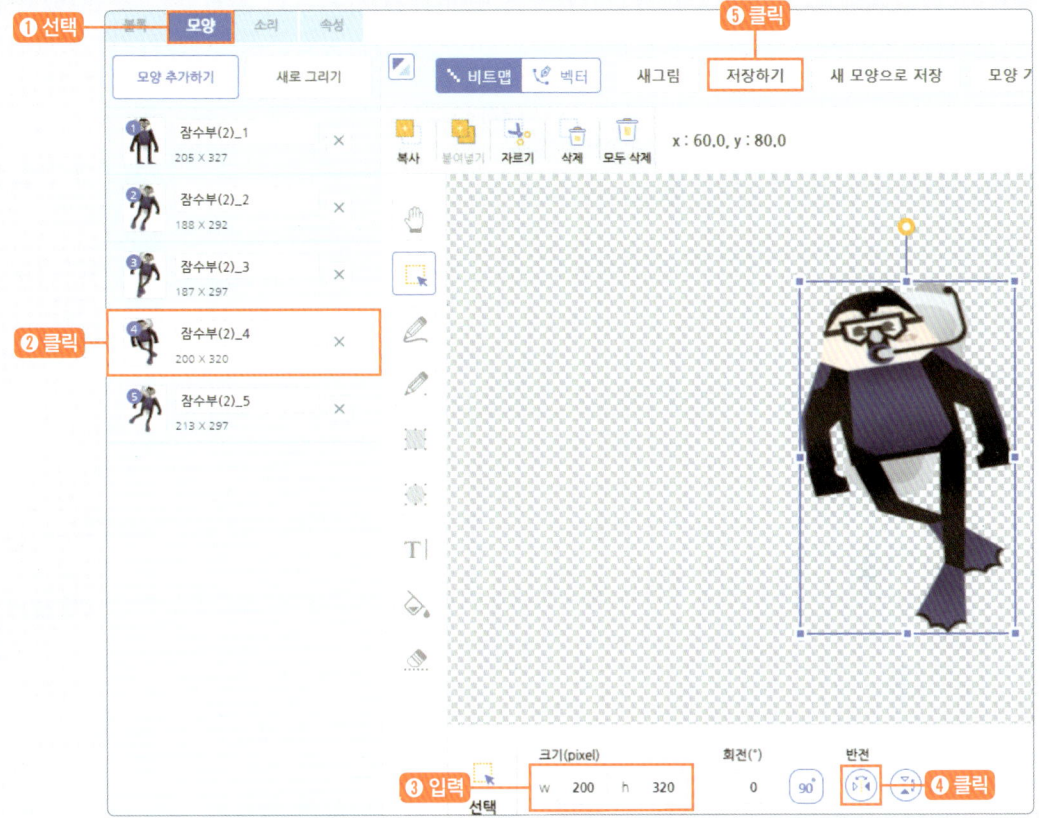

❹ [블록]을 선택하고 '잠수부(2)' 오브젝트에 다음과 같이 블록 코드를 완성합니다.
([모양으로 바꾸기] 블록 코드 '잠수부(2)_2', [이동하기] 블록 코드 '봉지라면'을 선택합니다.)

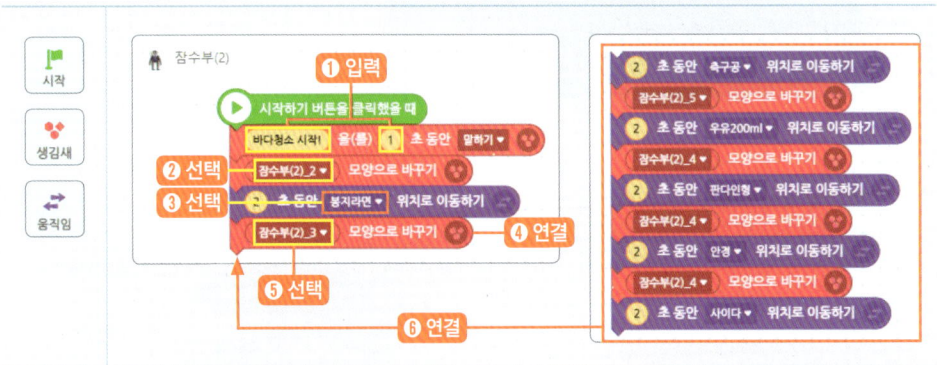

❺ [모양으로 바꾸기], [위치로 이동하기] 블록 코드는 반복하여 사용하고, 마지막 부분은 다음과 같이 완성합니다.
(청소 순서 : 봉지라면, 축구공, 우유200ml, 판다인형, 안경, 사이다)

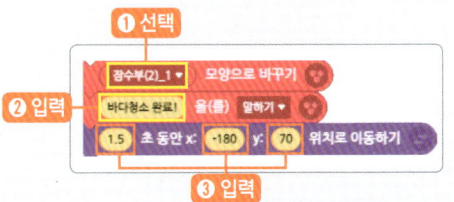

❻ ▶ 시작하기 단추를 클릭하면 잠수부가 말하고 지정한 모양으로 바뀌면서 지정한 위치로 이동하는지 확인합니다.

02 오브젝트에 조건문 사용하기

❶ '등푸른 물고기' 오브젝트에서 [블록]을 선택하고 다음과 같이 블록 코드를 완성합니다.
([계속반복 하기], [판단하기](블록 코드('봉지라면')에 닿았는가?), [말하기] '으악! 이것 좀 치워줘!')

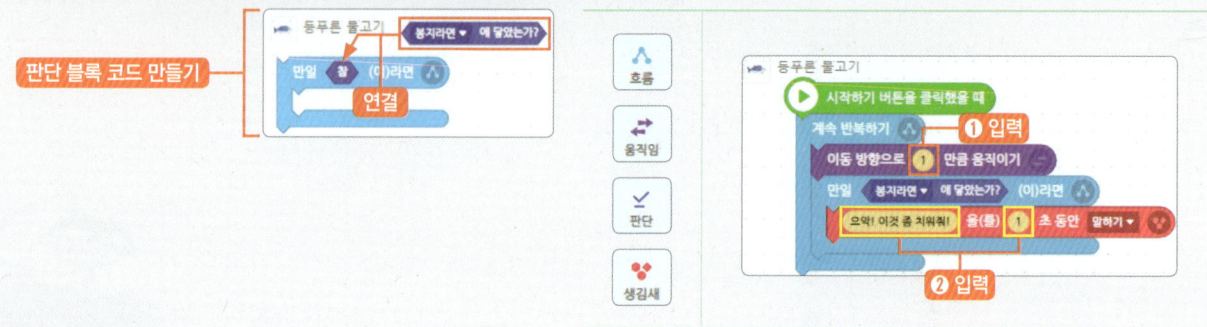

Coding? 블록 코드 설명

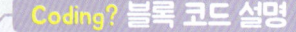 : 만일 조건을 판단해서 값이 참이면, 감싸고 있는 블록들을 실행합니다.

마우스포인터 ▼ 에 닿았는가? : 해당 오브젝트가 선택한 항목과 닿은 경우 '참'으로 판단하여 다음 블록 코드를 실행합니다.

퀴즈

다음 이미지를 보고 바다생물들이 이동방향으로 진행하면 어떤 쓰레기를 만나는지 적어봅니다.

등푸른 물고기	봉지 라면
빨간 물고기	( )
물고기	( )

❷ 각각의 오브젝트에 블록 코드를 [코드 복사]를 한 다음 다른 오브젝트에 [붙여넣기]를 합니다.

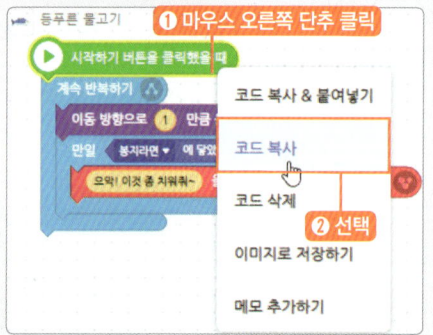
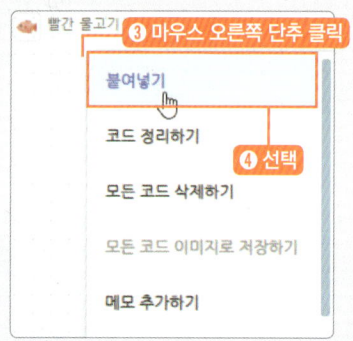

❸ '빨간 물고기' 오브젝트에서 다음과 같이 블록 코드를 완성합니다.
([판단하기] (블록 코드('사이다')에 닿았는가?), [말하기] '켁! 이러다 다 죽어~')

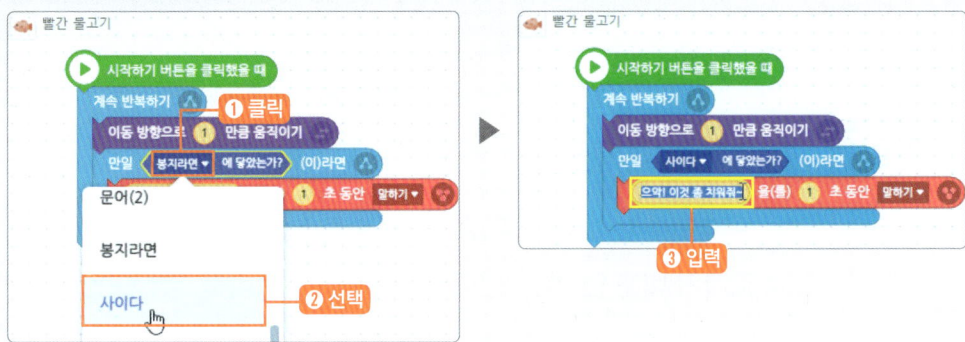

❹ 같은 방법으로 블록 코드를 복사하고 '물고기' 오브젝트를 완성합니다.
([판단하기] (블록 코드('우유')에 닿았는가?), [말하기] '이걸 왜 버리는 거야?')

❺ '축구공' 오브젝트를 선택하고 다음과 같이 블록 코드를 완성합니다.
(잠수부가 축구공 오브젝트를 만나면 축구공 오브젝트가 화면에서 숨기기를 합니다.)

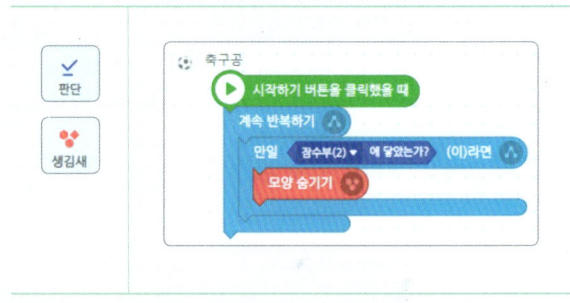

❻ 봉지라면, 우유200ml, 판다인형, 안경, 사이다 오브젝트도 축구공에 입력된 블록 코드를 복사하여 붙여넣기를 합니다.

❼ ▶시작하기 단추를 클릭하여 오브젝트의 조건과 결과 값에 맞게 위치 및 말풍선 코드가 잘 변경되었는지 확인합니다.

❽ 완성된 엔트리를 '바다청소_완성'으로 본인 이름의 폴더에 저장합니다.

CHAPTER 07  문제해결능력 스스로 해결하기

■ 불러올 파일 : [07장]-비오는날.ent   ■ 완성된 파일 : 비오는날_완성.ent

01 내 맘대로 상상하고 문제 해결하기

미리보기 : 비오는날_완성.mp4

- '엔트리봇'이 예쁜 집으로 도착하도록 블록 코딩을 완성해 봅니다.
- 갑자기 비를 만나면 모양의 '자동차 탄 엔트리봇_옆1' 모양으로 변경해서 집으로 갑니다.

■ 불러올 파일 : [07장]-번개맞은 엔트리봇.ent   ■ 완성된 파일 : 번개맞은 엔트리봇_완성.ent

02 디버깅(수정)_컴퓨팅 논리적 사고는 오류를 찾는 것부터

▲ 수정 전 미리보기 : 번개맞은 엔트리봇.mp4

▲ 수정 후 미리보기 : 번개맞은 엔트리봇_완성.mp4

- 엔트리봇을 걷는 모양으로 블록 코딩을 수정하세요.
- 엔트리봇이 번개(2)에 닿았을 때 전기 충격 모양으로 변경되게 수정하세요.
- 모양 바꾸기 이미지에 맞게 움직이는 속도도 조정해 보세요.
- 나머지 사항은 자유롭게 블록 코딩을 해보세요.

MEMO

CHAPTER 08 컴퓨팅 사고력 완성하기(종합실습)

■ 불러올 파일 : 종합실습1.ent, 다람쥐의 소원.ent   ■ 완성된 파일 : 종합실습1_완성.ent, 다람쥐의 소원_완성.ent

01 블록 코딩 완성하기
미리보기 : 종합실습1_완성.mp4

- [불러올 파일]-[08장]에서 '종합실습1.ent' 파일을 불러오고 완성해 봅니다.
  조건에 맞게 블록 코딩을 완성합니다.

  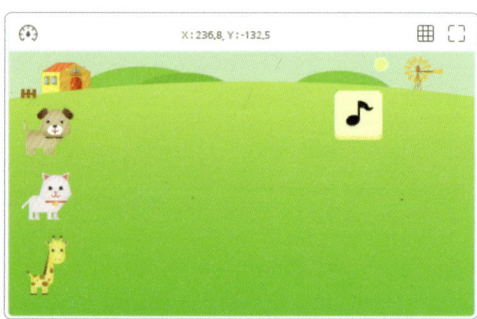

- 강아지가 음표 버튼을 만나면 음표 버튼 안의 선물을 보고 좋아하는 대사를 말합니다.
  (예시 : "내가 좋아하는 인형이다!")
- 음표 버튼은 모양을 추가합니다.(자신이 원하는 오브젝트를 추가하도록 합니다.)
- 음표 버튼은 강아지를 만나면 모양 바꾸기를 해서 강아지가 좋아하는 오브젝트로 바꿔 줍니다.

02 블록 코딩 완성하기
미리보기 : 강아지_완성.mp4

- 강아지 블록 코드를 복사하여 고양이와 기린 오브젝트에 붙여넣기를 합니다.
  그 다음 음표 버튼 오브젝트를 복제하여 다음과 같이 배치합니다.

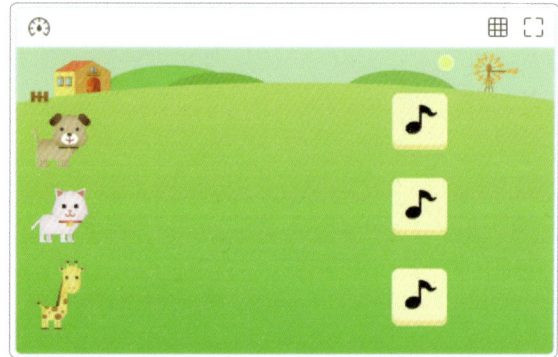

- 강아지와 같은 방법으로 고양이와 기린이 음표 버튼을 만나면 선물이 나오는 블록 코드를 완성합니다.

03 블록 코딩 수정(디버깅)하기

미리보기 : 화가난다람쥐_완성.mp4

■ [불러올 파일]-[08장]에서 '다람쥐의 소원.ent' 파일을 불러오고 완성해 봅니다. 조건에 맞게 블록 코딩을 수정합니다.

- [시작하기]를 클릭하여 오브젝트의 동작을 확인해 봅니다.
- '화가난다람쥐'가 '회전하는 별'을 만나고 소원을 비는 블록 코딩을 만들어 봅니다.

04 블록 코딩 수정(디버깅)하기

미리보기 : 회전하는 별_완성.mp4

- 반복하기 숫자를 변경하여 '회전하는 별'을 만나게 합니다.
- 이동 방향을 수정하여 '회전하는 별1'로 방향을 움직이도록 수정합니다.
- 반복하기 숫자를 변경하여 '회전하는 별1'을 만나게 합니다.

- '화가난다람쥐'가 '회전하는 별1'을 만나면 '부서진 통나무집'으로 이동하기로 수정합니다.
- '화가난다람쥐'의 소원인 '부서진 통나무집'은 '예쁜집'으로 변경되게 수정합니다.

CHAPTER 09 수업준비하기! 코딩의 뇌를 깨우는 5분 스트레칭!

※ 코딩 교육 의무화 대비! 정답은 없어요! 창의력을 위해 자유롭게 적어봅니다.

컴퓨터 사고력은 순서도로 부터!

소방차가 출동하는 순서를 확인하고 '보기'에서 빈칸에 맞는 필요한 행동을 찾아 적어볼까요?

신고 전화기 (   )이 울려요.

신고자를 통해서 (   )와 상황을 확인해요.

출동 요청을 받은 (   )에서 신속하게 출동해요.

소방차가 출동하면 (   )들은 비켜줘요.

현장에 도착하여 (   )를 진압해요.

보기

경찰서, 소방서, 주민센터, 자동차, 구급차, 화재, 강도, 벨, 불이야, 위치, 순찰, 범죄

코딩의 뇌를 깨우는 나만의 알고리즘!

문제해결능력! 119 안전신고센터(소방서)에서 하는 일을 체크해볼까요?

- ☐ 화재진압
- ☐ 지역 순찰
- ☐ 자동차 검사
- ☐ 화재 예방 점검
- ☐ 범죄 수사
- ☐ 구조활동
- ☐ 구급활동
- ☐ 지진 탐지

문제해결능력을 위한 놀코딩!

— 준비물 : 연필

아래 그림을 보고 자유롭게 생각을 적어보세요.

CHAPTER 09 룰렛으로 간식 정하기

CHAPTER 09 룰렛으로 간식 정하기

이런걸 배워요! 룰렛판 오브젝트에서 회전방향과 무작위 수(랜덤)를 사용하여 회전속도와 멈춤을 통해 간식을 정할 수 있게 만들어 봅니다.

■ 불러올 파일 : [09장]-간식룰렛.ent   ■ 완성된 파일 : 간식룰렛_완성.ent

01 오브젝트 이벤트 알아보기

❶ [불러올 파일]-[09장]에서 '간식룰렛.ent' 파일을 불러온 후 아래와 같이 오브젝트의 위치와 크기를 변경하여 배치합니다. 오브젝트 이름('구부린 엔트리봇', '소녀(3)', '소년(2)')

❷ 추가한 오브젝트에 아래와 같이 필요한 모양만 남겨두고 삭제합니다.
(삭제는 [모양]에서 각 오브젝트 이름의 삭제(×)를 클릭합니다.)

❸ '구부린 엔트리봇' 오브젝트에 말풍선이 나타나는 블록 코드를 완성합니다.
([시작하기 단추를 클릭했을 때], [말하기] '얘들아! 간식 먹자~', '2초')

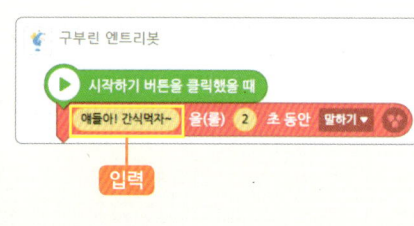

④ '소년(2)' 오브젝트에 말풍선이 나타나고 모양이 바뀌면서 이동하는 블록 코드를 완성합니다.
([기다리기] '2초', [말하기] '그래! 뭐 먹을지 룰렛으로 정할까?', '룰렛판을 클릭해주세요!', [바꾸기] '소년(2)_대화_2', [움직이기] '2 초 동안 x: 50, y: -50')

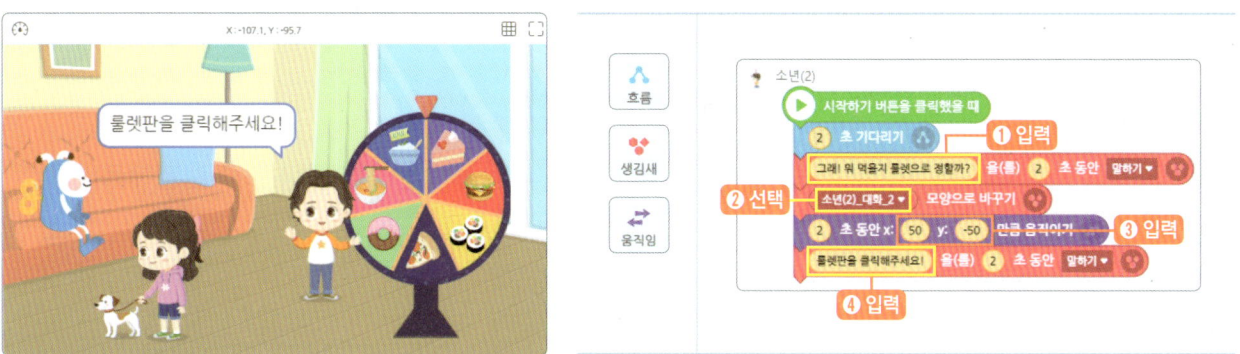

⑤ ▶시작하기 단추를 클릭하면 '구부린 엔트리봇', '소년(2)' 오브젝트가 말하고 지정한 모양으로 바뀌면서 지정한 위치로 이동하는지 확인합니다.

02 오브젝트에 무작위 수(랜덤) 사용하기

① '룰렛판' 오브젝트에서 [블록] 탭을 선택하고 다음과 같이 블록 코드를 완성하기 위해서 '룰렛판' 오브젝트의 [반복하기] 블록에 [무작위 수 블록]을 '10'의 위치에 끼워 넣어 사용하고, [회전하기] 블록 코드에 '10'을 입력합니다.([오브젝트를 클릭했을 때], '50부터 100사이의 무작위 수', [회전하기] '10°')

Coding? 블록 코드 설명

- 10 번 반복하기 : 감싸고 있는 블록들을 입력한 값만큼 반복 실행합니다.
- 0 부터 10 사이의 무작위 수 : 입력한 두 수 사이에 무작위 수의 값이 정해집니다.
- 방향을 90° 만큼 회전하기 : 중심점을 기준으로 오브젝트의 방향을 입력한 각도만큼 회전합니다.

② ▶시작하기 단추를 클릭하여 룰렛판 오브젝트에서 회전각 10°만큼 오른쪽(시계방향)으로 50에서 100사이의 무작위 수만큼 회전한 후 멈추는지 확인합니다.

③ 완성된 엔트리를 '간식룰렛_완성'으로 본인 이름의 폴더에 저장합니다.

CHAPTER 09 문제해결능력 스스로 해결하기

■ 불러올 파일 : [09장]-주사위게임.ent   ■ 완성된 파일 : 주사위게임_완성.ent

01 내 맘대로 상상하고 문제 해결하기

미리보기 : 주사위게임_완성.mp4

■ '타이거마스크' 오브젝트에 3종류 모양마다 말풍선 문구를 넣어본 후 실행해봅니다.

TIP
자유롭게 문구를 지어봅니다. 그래도 어렵다면 힌트를 참고합니다.

HINT
① 말풍선 문구의 예

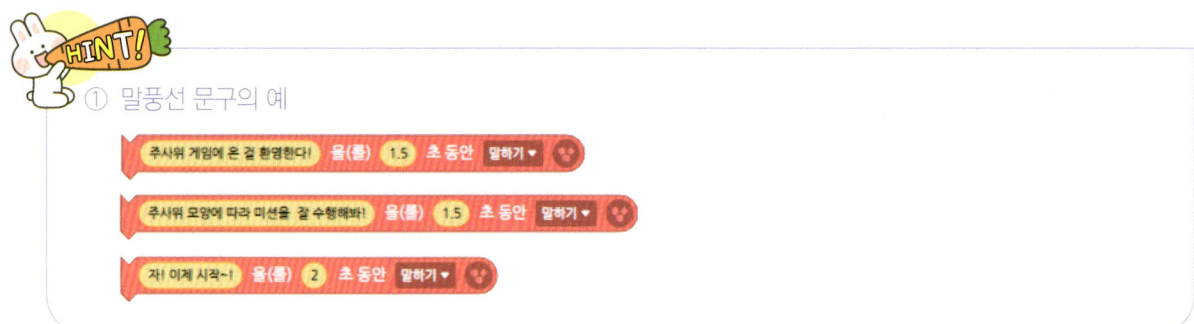

02 디버깅(수정)_컴퓨팅 논리적 사고는 오류를 찾는것 부터

미리보기 : 주사위 랜덤_완성.mp4

■ '주사위' 오브젝트에 무작위수와 조건문을 사용하여 랜덤으로 멈추는 주사위 모양에 미션을 넣은 말풍선이 나타나도록 블록 코딩 후 실행해 봅니다.

- 랜덤블록은 주사위 숫자만큼 수정합니다.
- 랜덤블록 숫자와 비교하는 숫자가 같으면 말풍선 미션을 입력합니다.
- 조건문을 복사하여 주사위 숫자만큼 비교하도록 블록 코드를 만들어봅니다.

<주사위 미션>

■ 주사위 숫자 1일 때 : 코끼리코 하고 제자리 1번 돌기
■ 주사위 숫자 2일 때 : 엉덩이 이름쓰기
■ 주사위 숫자 3일 때 : 앉았다 일어나기 10번
■ 주사위 숫자 4일 때 : 춤추기
■ 주사위 숫자 5일 때 : 손가락 하트 날리기
■ 주사위 숫자 6일 때 : 양팔 번쩍들고 "만세!" 외치기

CHAPTER 10 수업준비하기! 코딩의 뇌를 깨우는 5분 스트레칭!

※ 코딩 교육 의무화 대비! 정답은 없어요! 창의력을 위해 자유롭게 적어봅니다.

컴퓨터 사고력은 순서도로 부터!

코피났을 때 대처하기 순서를 확인하고 '보기'에서 빈칸에 맞는 필요한 행동을 찾아 적어볼까요?

보기
뒤로, 앞으로, 코, 입, 눈, 머리, 목,
5분, 1분, 예, 아니오, 휴지, 의자

코딩의 뇌를 깨우는 나만의 알고리즘!

나는 이렇게 해요! 순서도를 보고 알맞은 판단문을 '보기'에서 찾아 완성해 보세요.

문제해결능력을 위한 눈코딩!

– 준비물 : 연필

아래 그림에서 자동차가 출발해서 집으로 도착하기까지 가야하는 순서를 적어보세요.

※ 자동차 기준 방향의 번호를 선택합니다. 번호는 한 칸 이동합니다.
※ 흰색 블록이 자동차가 갈 수 있는 블록입니다.

① 전진
② 좌회전(←)
③ 우회전(→)

정답 입력

CHAPTER 10 대륙 명칭을 알아보자

CHAPTER 10 대륙 명칭을 알아보자

▲ 미리보기
대륙명칭_완성.mp4

이런 걸 배워요!
- 변수를 추가하는 방법과 사용하는 이유를 알아봅니다.
- 탐험가 오브젝트에 5대륙의 명칭을 알려주도록 하는 블록 코딩을 알아봅니다.

📘 불러올 파일 : [10장]-대륙명칭.ent   📗 완성된 파일 : 대륙명칭_완성.ent

01 오브젝트 추가 및 변수 추가

❶ [불러올 파일]-[10장]에서 '대륙명칭.ent' 파일을 불러온 후 아래와 같이 오브젝트의 위치와 크기를 변경하여 배치합니다.
(오브젝트 이름 '어린 탐험가')

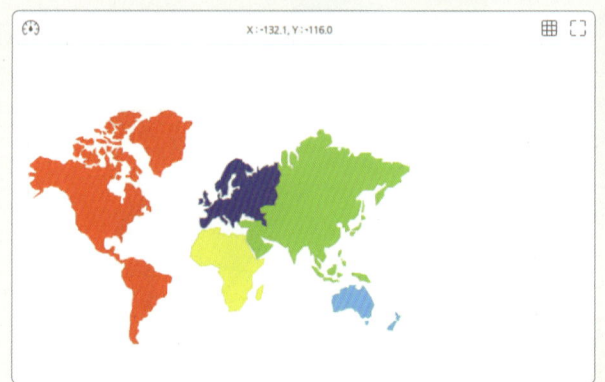 

❷ '세계지도 – 전체1' 오브젝트를 선택하고 [블록꾸러미] 상단 속성 탭에서 ? 변수 를 선택합니다.

❸ 변수 추가하기 를 클릭한 후 아래와 같이 입력하고 변수 추가 단추를 선택합니다.
(변수이름 : 대륙명칭, 모든 오브젝트에 사용, 일반변수로 사용(작품에 저장))

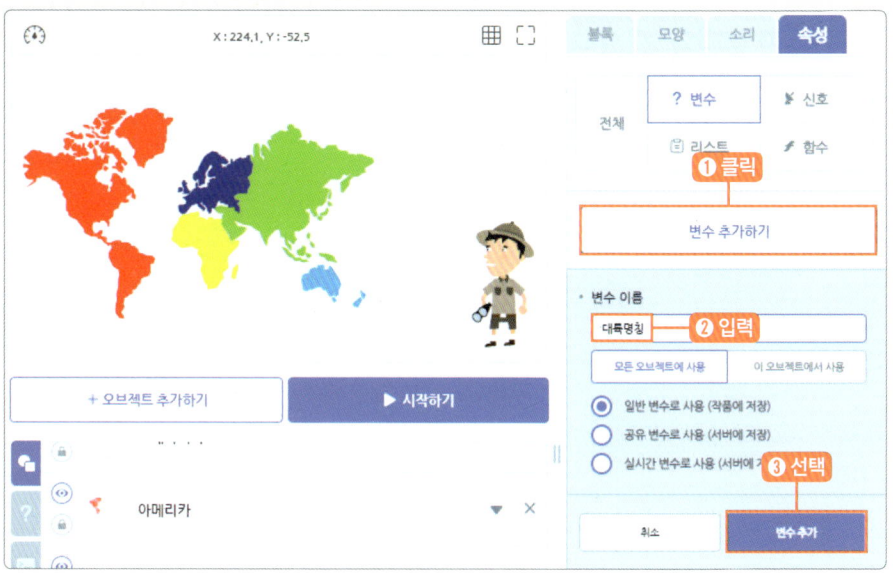

❹ 변수 추가 후 실행 화면 세계지도 왼쪽 위에 대륙명칭 0 이 생성되었는지 확인합니다.
(변수 속성 기본값 '0' 으로 설정)

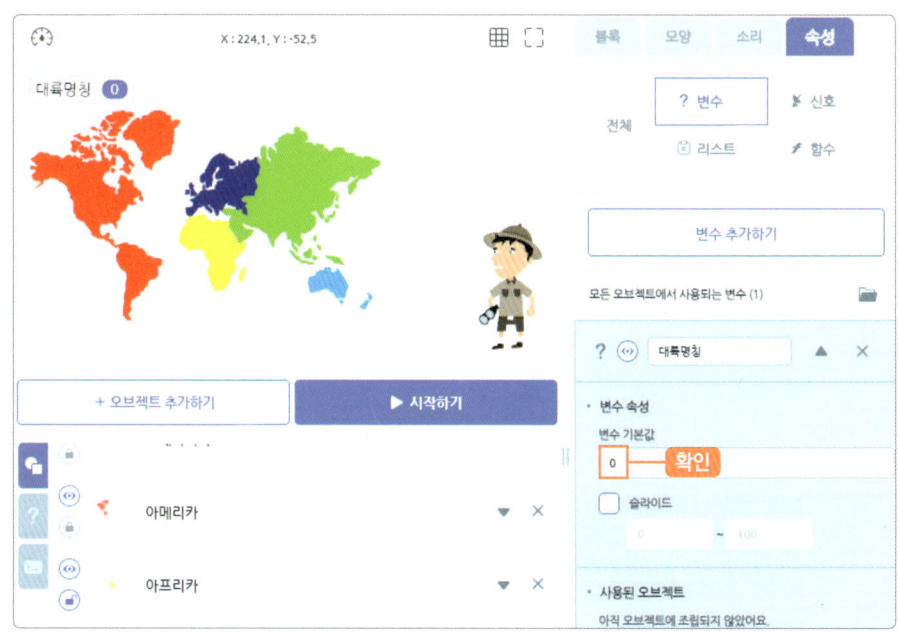

TIP

변수의 사용과 속성에 대해 알아봅니다.

모든 오브젝트에 사용 해당 작품에 포함된 모든 오브젝트에 변수를 사용

이 오브젝트에서 사용 해당 작품에 포함된 특정 오브젝트에 변수를 사용

👁 실행 화면에 변수 보이기, 실행 화면에 변수 숨기기

CHAPTER 10 대륙 명칭을 알아보자

02 오브젝트에 변수 사용하기

❶ '어린 탐험가' 오브젝트에 변수를 사용하여 5대륙의 명칭을 말풍선으로 알려주도록 하는 블록 코드를 완성합니다.

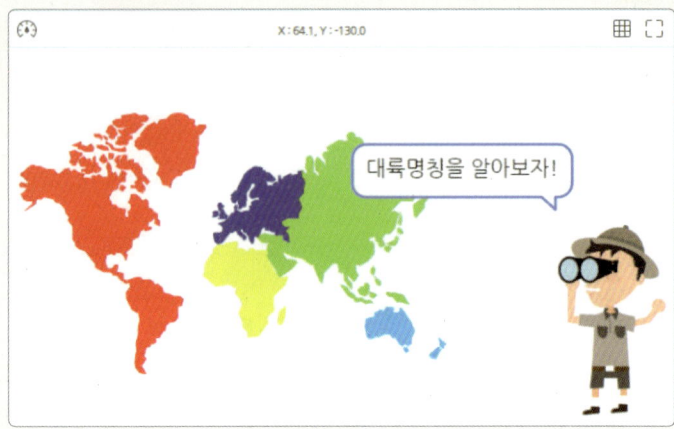

❷ [블록] 탭을 선택하고 '어린 탐험가' 오브젝트에 다음과 같이 블록 코드를 완성합니다.
([정하기] '대륙명칭을 알아보자!', [변수 숨기기] '대륙명칭', [모양으로 바꾸기] '어린 탐험가_3', [말하기] '대륙명칭'값)

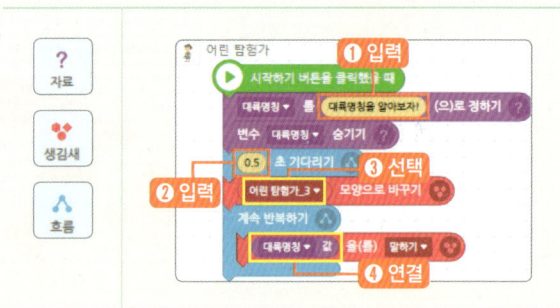

> **TIP**
> '어린 탐험가_1' 모양은 3번 이미지인 쌍안경을 들고 있는 모습입니다.

Coding? 블록 코드 설명

- `대륙명칭▼ 를 10 (으)로 정하기` : 선택한 변수를 입력한 값으로 정합니다.
- `변수 대륙명칭▼ 숨기기` : 선택한 변수를 숨깁니다.
- `대륙명칭▼ 값` : 선택된 변수에 저장된 값입니다.

> **TIP**
> 변수를 추가하기 <전>에는 기본 블록만 존재하지만, <후>에는 다음과 같이 새로운 블록들이 생성이 됩니다.

❸ '유럽' 오브젝트에 변수를 사용하고 클릭했을 때 오브젝트의 모양이 바뀌는 블록 코드를 완성합니다.

❹ [블록]을 선택하고 '유럽' 오브젝트에 다음과 같이 블록 코드를 완성합니다.
([시작] '오브젝트를 클릭/해제했을 때', [정하기] '대륙 명칭', '유럽', [모양으로 바꾸기] '세계지도-유럽_2/세계지도-유럽_1')

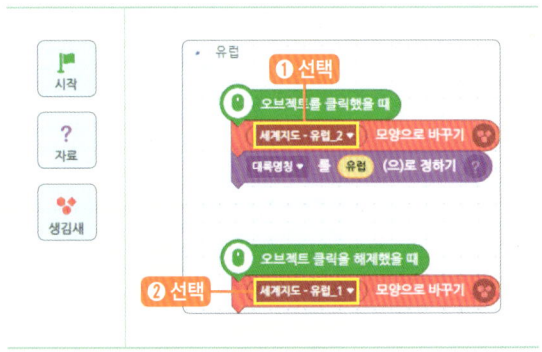

❺ ▶시작하기 단추를 클릭하여 대륙을 클릭했을 때 지정된 모양이 바뀌고 어린 탐험가가 말풍선으로 대륙명칭을 알려주는지 확인합니다.

❻ 완성된 엔트리를 '대륙명칭_완성'으로 본인 이름의 폴더에 저장합니다.

CHAPTER 10 문제해결능력 스스로 해결하기

📁 불러올 파일 : [10장]-카운트하기.ent   📁 완성된 파일 : 카운트하기_완성.ent

01 내 맘대로 상상하고 문제 해결하기

미리보기 : 카운트하기_완성.mp4

- '만세하는 사람(1)' 오브젝트를 '스페이스'키를 눌렀을 때 만세 하면서 뛰면 개수가 올라가는 블록 코드를 만들고 실행합니다.

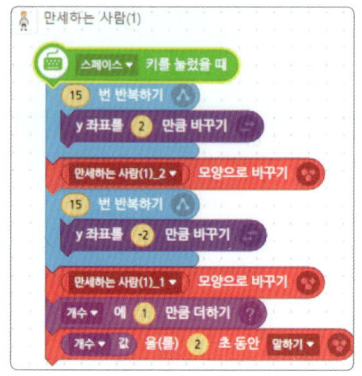

02 디버깅(수정)_컴퓨팅 논리적 사고는 오류를 찾는 것부터

미리보기 : 운동하는 엔트리봇_완성.mp4

- '운동하는 엔트리봇' 오브젝트에 변수를 추가하고 '엔터'키를 눌렀을 때 앉았다 일어나면 카운트가 올라가는 블록 코드를 만들고 실행합니다.
- 카운트 변수는 '이 오브젝트에서 사용'으로 만들어 줍니다.

MEMO

CHAPTER 11 - 수업준비하기! 코딩의 뇌를 깨우는 5분 스트레칭!

※ 코딩 교육 의무화 대비! 정답은 없어요! 창의력을 위해 자유롭게 적어봅니다.

컴퓨터 사고력은 순서도로 부터!

지진 발생시 대비 순서를 확인하고 '보기'에서 빈칸에 맞는 필요한 행동을 찾아 적어볼까요?

사이렌 및 방송에서 (　　) 발생 안내가 나와요.

(　　) 밑으로 몸을 숨겨요.

책가방이나 책 등으로 (　　)를 감싸요.

(　　) 안내에 따라 운동장으로 대피해요.

보기
홍수, 지진, 의자, 책상, 얼굴, 머리, 친구, 선생님, 아니오, 예, 가스 및 전기, 수도

코딩의 뇌를 깨우는 나만의 알고리듬!

나는 이렇게 해요! 순서도를 보고 알맞은 판단문을 '보기'에서 찾아 완성해 보세요.

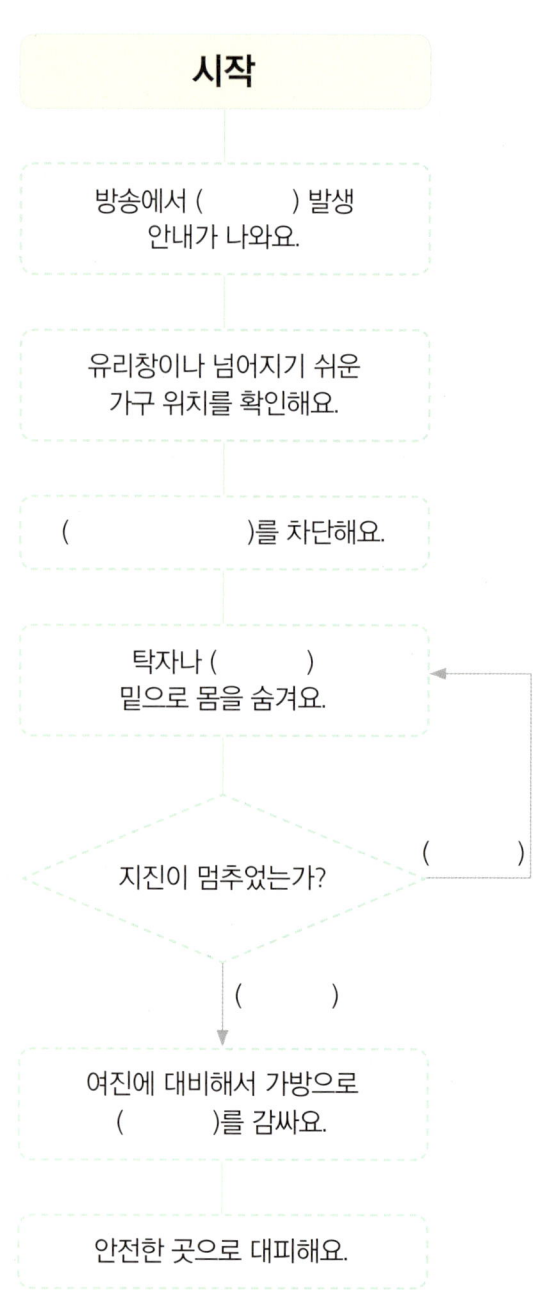

시작

방송에서 (　　) 발생 안내가 나와요.

유리창이나 넘어지기 쉬운 가구 위치를 확인해요.

(　　)를 차단해요.

탁자나 (　　) 밑으로 몸을 숨겨요.

지진이 멈추었는가?　(　　)

(　　)

여진에 대비해서 가방으로 (　　)를 감싸요.

안전한 곳으로 대피해요.

끝

문제해결능력을 위한 눈코딩!

- 준비물 : 연필

자동차가 출발하는 방향을 보고 문제를 맞춰보세요.

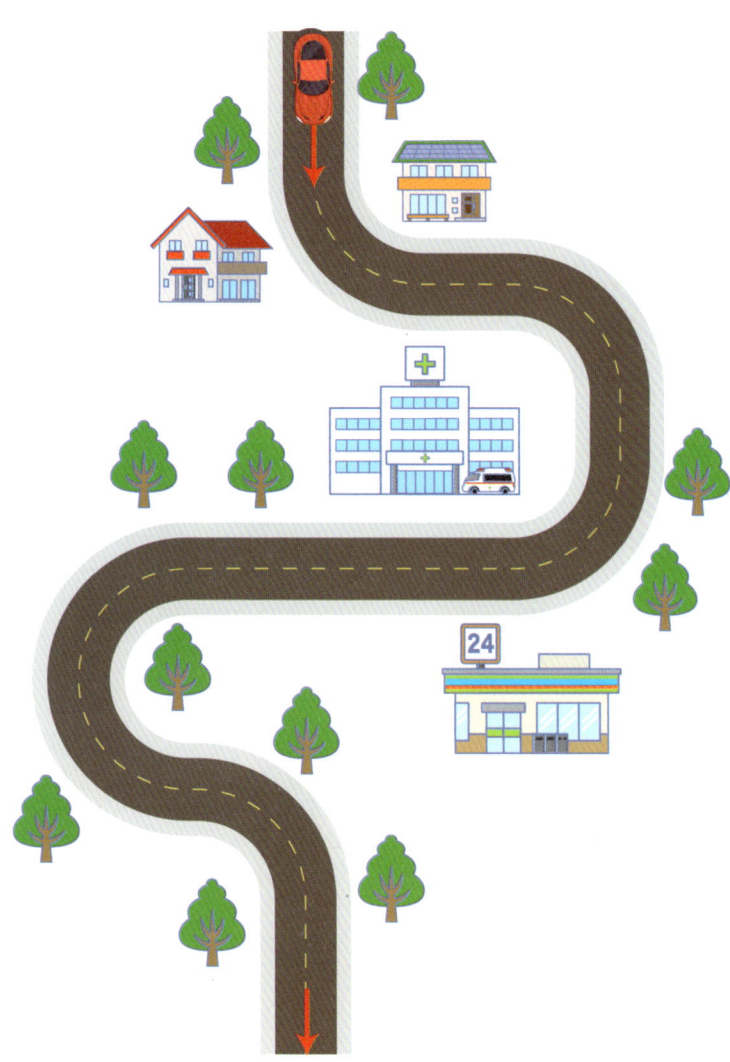

① 출발지점에서 도착지점까지 도로를 운전하면서 자동차 왼쪽에 있는 나무의 수는?

② 병원은 자동차 운행방향 기준으로 어느 쪽에 있나요?

CHAPTER 11 곤충 퀴즈대회

▲ 미리보기
곤충퀴즈대회_완성.mp4

이런 걸 배워요!
- 퀴즈 시작에 맞추어서 초시계를 시작하고 정지합니다.
- 묻고 대답을 받아서 대답(O, X)에 따라 실행하는 방법을 알아봅니다.

📁 불러올 파일 : [11장]-곤충퀴즈대회.ent   📁 완성된 파일 : 곤충퀴즈대회_완성.ent

01 오브젝트 모양 추가하기

❶ [불러올 파일]-[11장]에서 '곤충퀴즈대회.ent' 파일을 불러온 다음 [불러올 파일]-[11장]에서 '노리.png' 오브젝트 파일을 추가합니다. 이어서 오브젝트 목록에서 크기를 140으로 변경하고 오브젝트 순서와 위치를 책상의 아래에 알맞게 변경합니다.

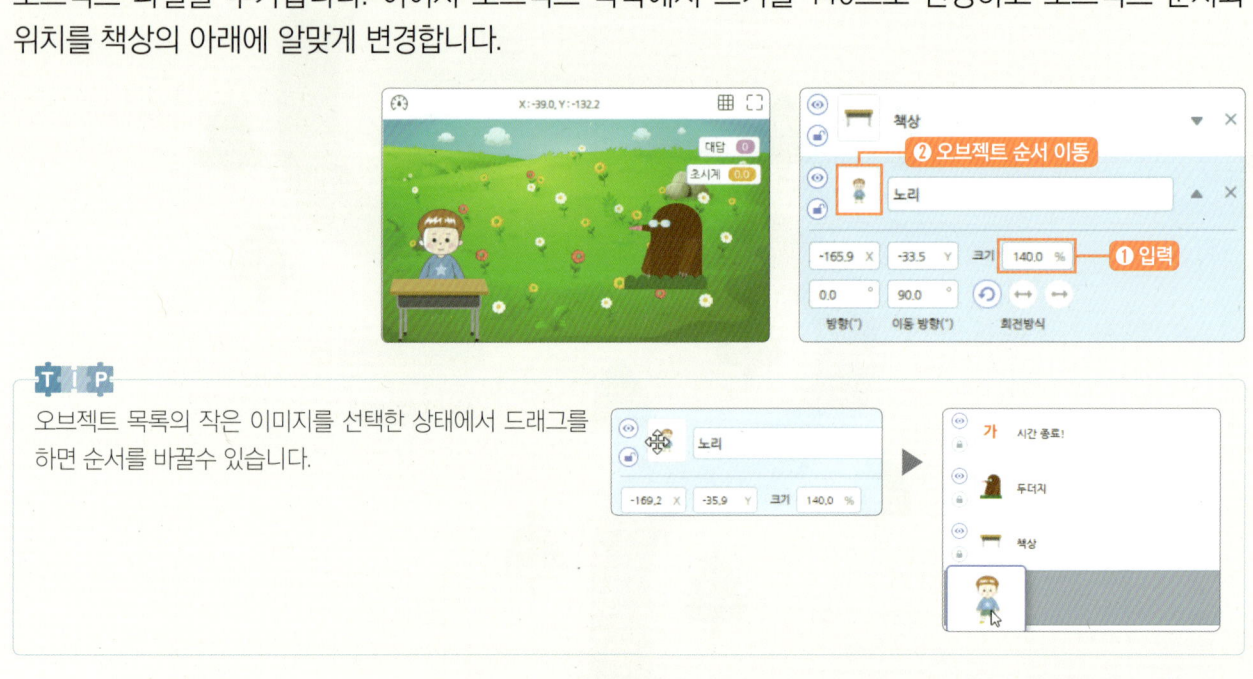

TIP
오브젝트 목록의 작은 이미지를 선택한 상태에서 드래그를 하면 순서를 바꿀수 있습니다.

❷ '노리.png' 오브젝트의 [모양]에서 [모양 추가하기]를 선택한 다음 [파일 올리기]-[파일 올리기(⬆)]를 클릭하고 [불러올 파일]-[11장]에서 '노리정답.png', '노리오답.png'를 추가합니다.

02 퀴즈대회 시작하기

❶ 퀴즈대회를 시작하기 위하여 '노리' 오브젝트에서 다음과 같이 블록 코드를 완성하여 봅니다. ([말하기]블록 코드는 '두더지 학생 지금부터 곤충 퀴즈 대회를 시작합니다.', '문제를 잘 듣고 네 아니오로 대답해 주세요.'를 입력합니다.

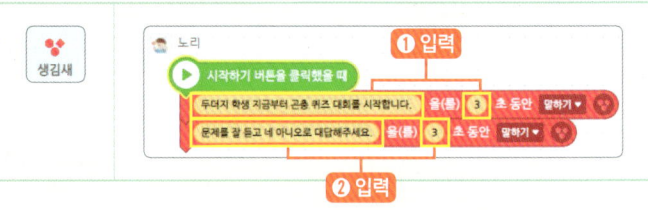

❷ 퀴즈를 묻고 대답을 하여 모든 문제를 푸는데 제한 시간을 두기 위하여 초시계를 시작합니다.

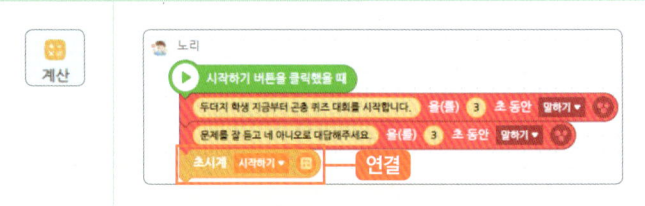

❸ '시간 종료' 오브젝트를 선택하고, 초시계의 제한 시간 설정은 [시간종료!] 글상자 오브젝트에서 '10' 숫자를 '20'으로 수정하여 변경합니다.

03 퀴즈 묻고 대답하기

❶ 곤충 퀴즈를 묻고 대답 기다리기 위해 다음과 같이 곤충 퀴즈를 참고하여 블록 코드를 완성합니다.

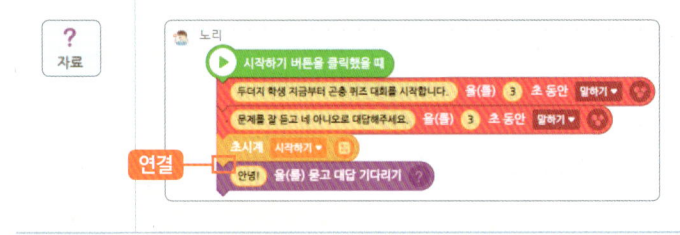

❷ [속성] 탭에서 '정답' 신호와 '오답' 신호를 추가합니다.

❸ '신호'를 받았을 때, '노리정답.png' 모양으로 바꾸기 한 뒤, 1초 동안 말하기 이어서 처음 모양의 '노리.png' 모양으로 바꾸기 하도록 블록 코드를 연결합니다.
([말하기] 블록 코드는 정답신호 : 잘했어~, 오답신호 : 아쉽지만 틀렸어~)

시작할 때	정답 신호를 받았을 때	오답 신호를 받았을 때

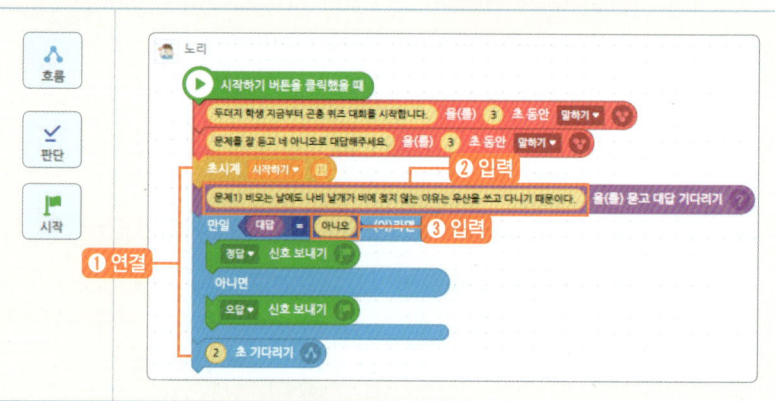

❹ 입력된 대답에 따라 '만일 대답=정답과 같다면' 정답 신호 보내기 블록, '만일 대답=오답과 같다면' 오답 신호 보내기 블록을 선택하여 알맞게 실행되도록 다음과 같이 블록 코드를 완성하여 봅니다.

블록에 들어가는 퀴즈 내용

문제1) 비오는 날에도 나비 날개가 비에 젖지 않는 이유는 우산을 쓰고 다니기 때문이다. (정답 :)
문제2) 칠성무당벌레는 점이 7개이다. (정답 :)
문제3) 벌은 먹이가 가까이에 있을 때에는 8자 춤을 춘다. (정답 :)

❺ 퀴즈를 묻고 대답 기다리기는 문제의 수만큼 반복됨으로 [코드복사&붙여넣기]로 다음 퀴즈 문제의 블록 코드를 완성합니다.

❻ ▶시작하기 단추를 클릭하여 대답(예,아니오)을 입력한 뒤, ✓ 단추를 클릭하여 대답에 따라 노리 오브젝트가 바뀌는지 확인합니다.

❼ 완성 엔트리를 '곤충퀴즈대회_완성'으로 본인 이름의 폴더에 저장합니다.

CHAPTER 11 문제해결능력 스스로 해결하기

■ 불러올 파일 : [11장]-영어단어퀴즈.ent   ■ 완성된 파일 : 영어단어퀴즈_완성.ent

01 내 맘대로 상상하고 문제 해결하기

미리보기 : 영어단어퀴즈_완성.mp4

- '선생님(2)', '다양한 표정 엔트리봇' 오브젝트를 추가하고 위치와 크기를 변경하여 배치하여 봅니다.
- 다른 오브젝트를 사용해도 됩니다.

02 디버깅(수정)_컴퓨팅 논리적 사고는 오류를 찾는 것부터

미리보기 : 다양한 표정 엔트리봇_완성.mp4

■ 다음 블록 코드를 '선생님(2)' 오브젝트에 만들고 내용에 맞게 블록 코드를 넣어서 완성합니다.

- '문제에 맞게 조건문 블록을 복사하고 조건문에 정답을 입력합니다.
- 조건이 맞을 때 블록 코드와 아닐 때 블록 코드를 넣어서 완성합니다.
- 문제1 변수 : 사과(apple)
- 문제2 변수 : 개미(ant)
- 문제3 변수 : 고양이(cat)
- '다양한 표정 엔트리봇' 오브젝트는 정답일 때 표정과 오답일 때 표정을 바꿔봅니다.

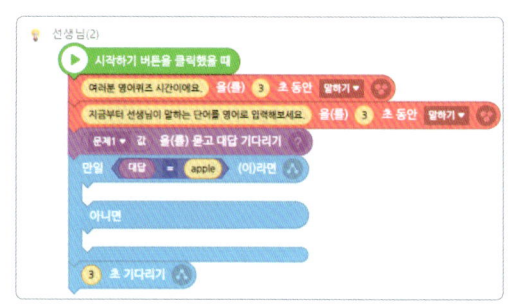

CHAPTER 12 수업준비하기! 코딩의 뇌를 깨우는 5분 스트레칭!

※ 코딩 교육 의무화 대비! 정답은 없어요! 창의력을 위해 자유롭게 적어봅니다.

컴퓨터 사고력은 순서도로 부터!

부모님께서 머리가 아프데요 순서를 확인하고 '보기'에서 빈칸에 맞는 필요한 행동을 찾아 적어볼까요?

가까운 (　　) 으로 가요.

어디가 아픈지 (　　) 선생님께 얘기해요.

누가 먹을 약인지 (　　) 선생님께 얘기해요.

약을 받고 (　　)을 지불해요.

인사를 하고 집으로 와요.

누워있는 엄마에게 (　　)과 물을 드려요.

보기

약국, 병원, 변호사, 약사, 돈, 소방관, 경찰서, 아빠, 예, 아니오, 119, 112, 약

코딩의 뇌를 깨우는 나만의 알고리즘!

문제해결능력! 엄마가 아픈 상황에 따라 어떤 행동을 해야 할지 '보기'에서 찾아 완성해 보세요.

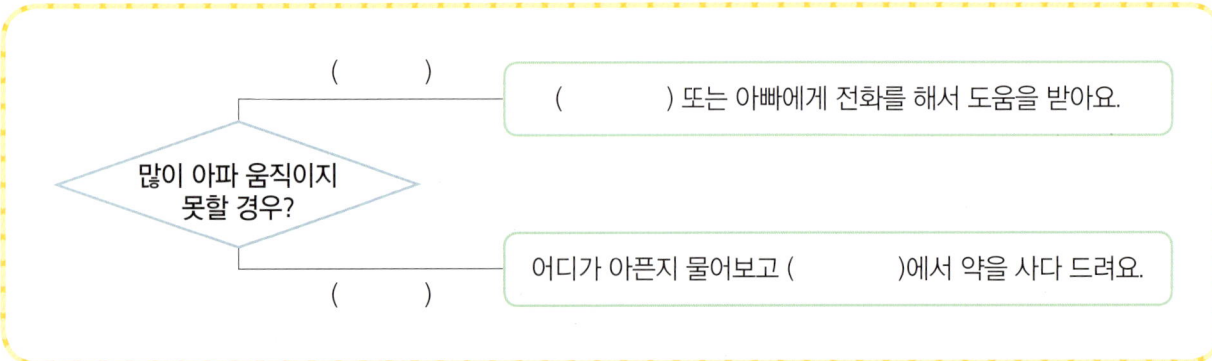

많이 아파 움직이지 못할 경우?

(　　) → (　　) 또는 아빠에게 전화를 해서 도움을 받아요.

(　　) → 어디가 아픈지 물어보고 (　　)에서 약을 사다 드려요.

문제해결능력을 위한 놀코딩!

― 준비물 : 연필

완성된 햄버거를 보고 재료의 번호를 써보세요.
(같은 재료가 2개면 재료번호도 2개를 씁니다.)

CHAPTER 12 달리기경주

CHAPTER 12 달리기경주

▲ 미리보기
달리기경주_완성.mp4

이런 것 배워요! • 시작 단추를 클릭하여 시작 신호에 맞추어서 달리기를 할 수 있도록 합니다. 달리기의 속도는 무작위 수(10~40)의 범위를 주어서 서로 다르게 도착하는 방법을 알아봅니다.

📘 불러올 파일 : [12장]-달리기경주.ent   📗 완성된 파일 : 달리기경주_완성.ent

01 오브젝트 모양 추가하기

❶ [불러올 파일]-[12장]에서 '달리기경주.ent' 파일을 불러온 다음 '(1)엔트리봇' 오브젝트 파일을 추가하고 다음과 같이 변경합니다.
(위치(X : -200, Y : -100), 크기(50))

 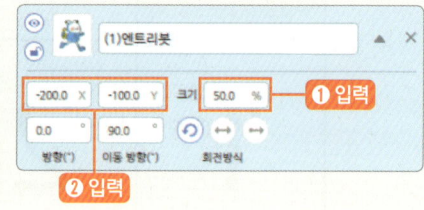

❷ '뛰는 사람(1)' 오브젝트 파일을 추가하고 다음과 같이 변경합니다.
(위치(X : -200, Y : -100), 크기(50))

 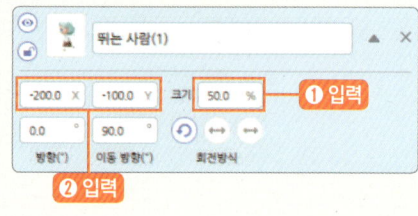

TIP
뛰는 사람(1) 오브젝트의 모양을 반대 방향이 되도록 [모양]탭에서 뛰는 사람(1)_1~4까지 모양을 반전하여 변경합니다. 각 모양을 반전한 뒤, 반드시 저장하기 단추를 클릭합니다.

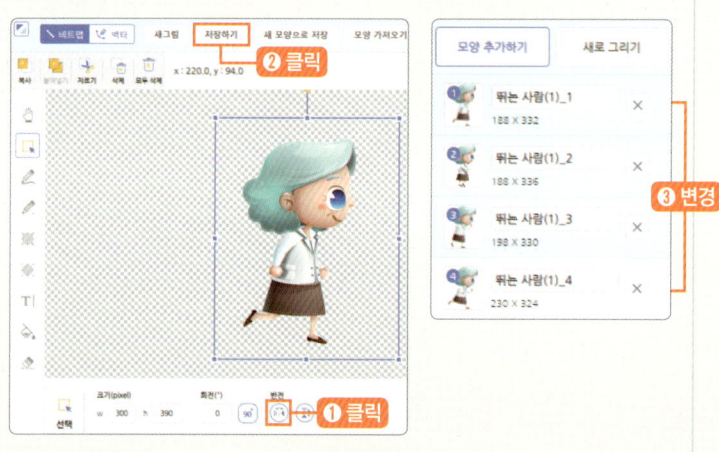

076 처음으로 배우는 코딩 엔트리

02 시작 단추를 클릭하여 시작 신호 보내기

❶ [말하기] 블록 코드에서 다음과 같이 작성합니다.
   (말하기 : 지금부터 할머니와 엔트리봇의 경주를 시작하도록 하겠습니다. 시작 단추를 클릭해 주세요.)

❷ '시작 버튼' 오브젝트를 클릭하여 '출발' 신호를 보내기 위하여 [속성] 탭에서 [신호]-'신호 추가하기'를 클릭합니다. (신호이름 : 출발)
   [오브젝트를 클릭했을 때] 블록에 출발 신호 보내기 블록 코드를 연결하여 완성합니다.

03 달리기

❶ [시작] 블록 코드에서 [출발 신호를 받았을 때] 블록 코드에 계속 반복하여 달리는 모습으로 움직이기 위해서 다음과 같이 블록 코드를 완성합니다.

❷ [움직임] 블록 코드에서 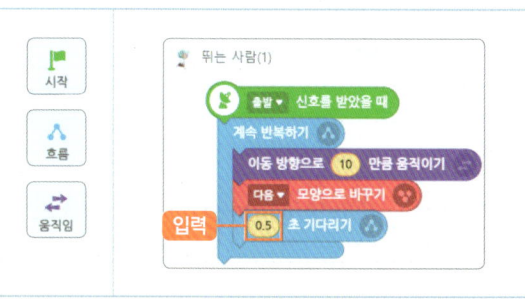 블록의 '10'은 고정된 값으로 경주에서는 같은 속도로 뛰게 합니다. 블록을 활용하여 범위를 지정합니다. (범위 : 1부터 40 사이의 무작위 수)

❸ 계속 달리던 중에 '밧줄' 오브젝트에 닿는다면 승리를 외치고 달리기를 멈추는 이벤트를 만들 수 있습니다. [흐름] 블록 코드에서 '만일~참이라면'의 '참' 조건에 `밧줄▼ 에 닿았는가?` 블록 코드를 연결합니다.

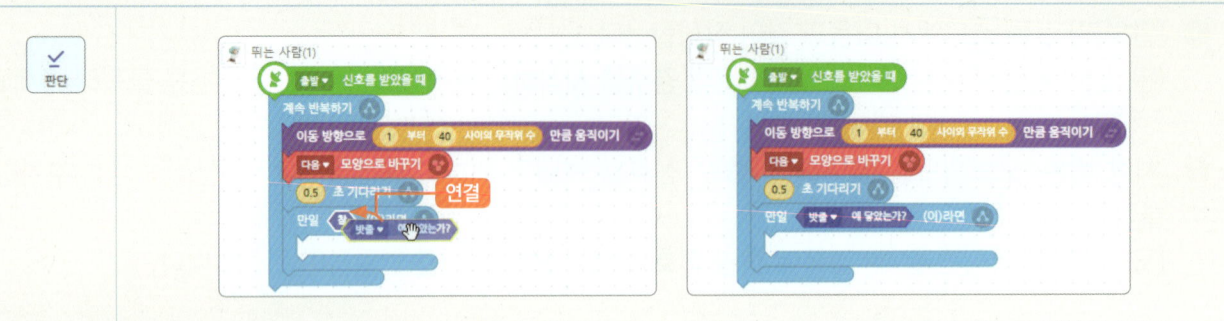

❹ '뛰는사람(1)'이 밧줄에 닿는다면 [말하기] 블록 코드를 연결 하여 승리를 외칩니다.
(말하기 : 할머니 승리!)

❺ 밧줄에 닿아 승리를 외친 후에는 '모든 코드 멈추기' 블록 코드를 연결합니다.

❻ '뛰는 사람(1)' 코드를 복사하여 '(1)엔트리봇' 오브젝트로 '붙여넣기' 합니다.
'(1)엔트리봇' 오브젝트에서 [말하기] 블록 코드의 [말하기]를 변경합니다. (말하기 : 엔트리 승리!)

❼ ▶시작하기 단추를 클릭하여 게임 안내 후 시작 단추를 클릭하여 달리기 경주를 합니다. 여러 번 실행하여 실행 결과를 확인합니다.

❽ 완성 엔트리를 '달리기경주_완성'으로 본인 이름의 폴더에 저장합니다.

CHAPTER 12 문제해결능력 스스로 해결하기

■ 불러올 파일 : [12장]-비행기출발.ent ■ 완성된 파일 : 비행기출발_완성.ent

01 내 맘대로 상상하고 문제 해결하기

미리보기 : 비행기출발_완성.mp4

- '전투기', '이동 버튼' 오브젝트를 추가하고 위치와 크기를 변경 하여 배치합니다.
- '이동 버튼' 오브젝트는 이미지와 같이 화살표 방향을 위쪽으로 수정합니다.
- 다른 오브젝트를 사용해도 됩니다.

02 디버깅(수정)_컴퓨팅 논리적 사고는 오류를 찾는 것부터

미리보기 : 전투기_완성.mp4

■ 다음 블록 코드를 '전투기' 오브젝트에 만들고 내용에 맞게 블록 코드를 넣어서 완성합니다.

- 전투기 신호를 만듭니다.
- 다음 블록 코드를 완성하고 전투기의 랜덤 코드를 입력해 봅니다.
- '이동 버튼' 오브젝트를 클릭하면 전투기 신호를 보내고 "출발"을 1초간 말하는 블록 코드를 완성합니다.
- 전투기의 방향을 회전한 다음 이동방향으로 움직이는 랜덤코드를 입력해 봅니다.

CHAPTER 13 수업준비하기! 코딩의 뇌를 깨우는 5분 스트레칭!

※ 코딩 교육 의무화 대비! 정답은 없어요! 창의력을 위해 자유롭게 적어봅니다.

컴퓨터 사고력은 순서도로 부터!

설거지 하기 순서를 확인하고 '보기'에서 빈칸에 맞는 필요한 행동을 찾아 적어볼까?

- 설거지를 준비해요.
- 그릇을 ( )에 담구어 불려요.
- 세척도구(수세미)에 ( )를 묻혀 닦아요.
- ( )가 남지 않게 헹궈요.
- ( )에 말려요.

보기

세제, 비누, 예, 아니오, 옷장, 건조대,
옷장, 물, 가방, 마른행주, 식용유

코딩의 뇌를 깨우는 나만의 알고리듬!

나는 이렇게 해요! 순서도를 보고 알맞은 판단문을 '보기'에서 찾아 완성해 보세요.

시작

↓

설거지를 준비해요.

↓

싱크대에 ( )을 채우고 그릇을 넣어요.

↓

세척도구에 ( )를 조금만 묻혀 닦아요.

↓

물에 그릇을 헹궈요. ←┐

↓   │

그릇에 세제가 남았는가? ─( )┘

↓ ( )

( )로 물기를 닦아요.

↓

그릇을 잘 정리해요.

↓

끝

문제해결능력을 위한 눈코딩!

– 준비물 : 연필

다음과 같이 색종이를 접어 가위로 자르고 펼치면 어떤 모양이 될까요?

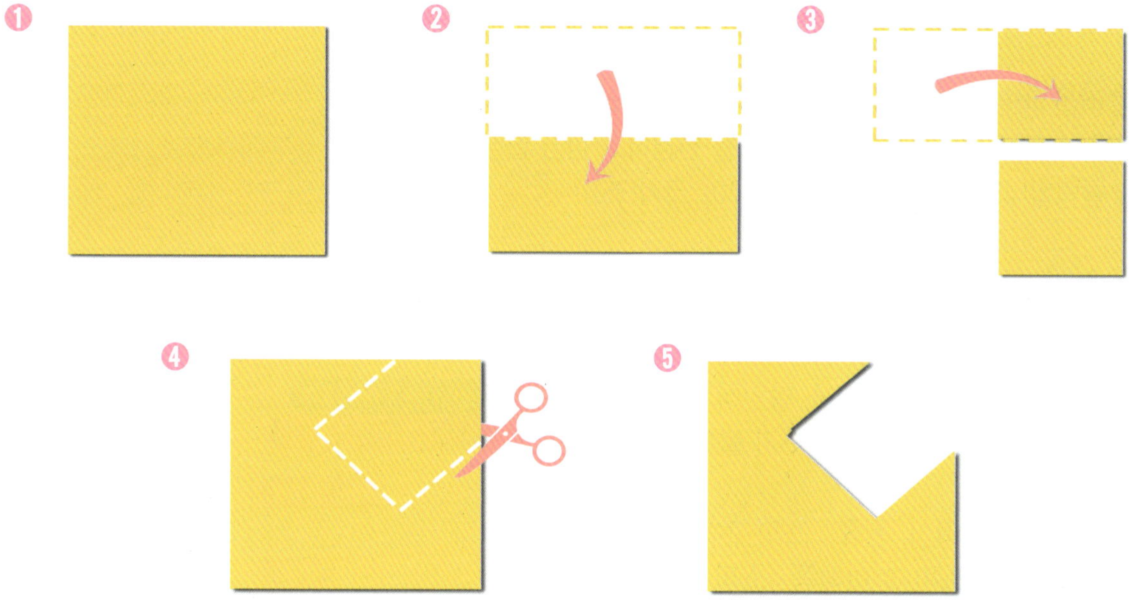

CHAPTER 13 빗방울의 여행

CHAPTER 13 빗방울의 여행

- 키보드의 방향키로 빗방울이 움직이도록 코딩합니다.
- 강물을 벗어나면 반대쪽으로 움직이도록 코딩합니다.

■ 불러올 파일 : [13장]-빗방울의 여행.ent   ■ 완성된 파일 : 빗방울의 여행_완성.ent

01 오브젝트 설정

❶ [불러올 파일]-[13장]에서 '빗방울의 여행.ent' 파일을 불러온 다음 '소피' 오브젝트의 위치와 크기를 변경하고 잠금 설정(🔓)을 클릭합니다. (위치(X : 100, Y : 120), 크기(35))

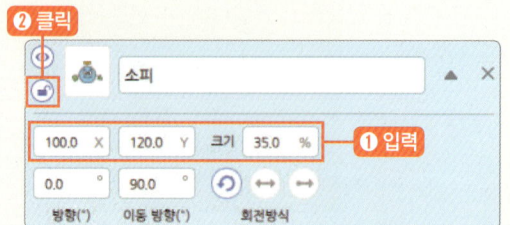

❷ '소피' 오브젝트의 [모양] 탭을 클릭하고 블록 코드가 시작할 때의 모양을 확인하고 [블록] 탭에서 '소피_1' 모양으로 바꾸기 블록 코드를 완성합니다.
(시작할 때 : 소피_1, 왼쪽 : 소피_2, 오른쪽 : 소피_4, 위쪽 : 소피_3, 아래쪽 : 소피_1)

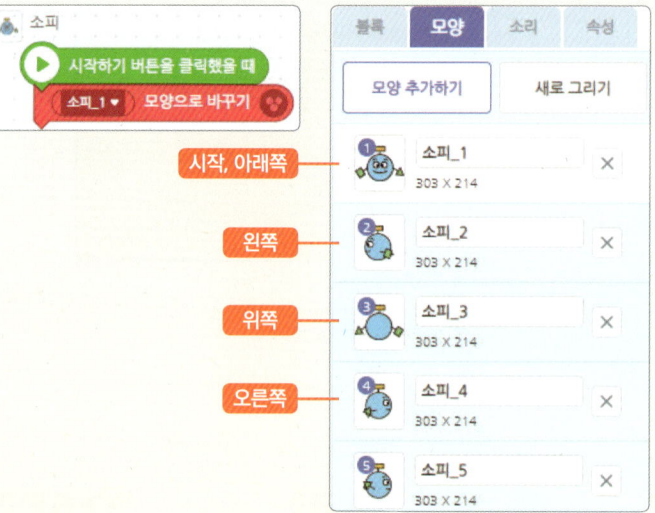

02 키보드 방향키

❶ [시작] 블록 꾸러미에서 'q키를 눌렀을 때' 블록 코드에서 키보드 방향키 오른쪽, 왼쪽, 위쪽, 아래쪽 화살표를 설정합니다.

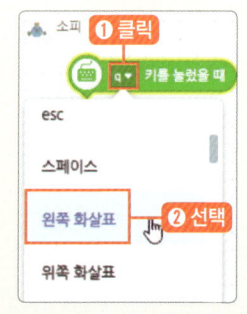
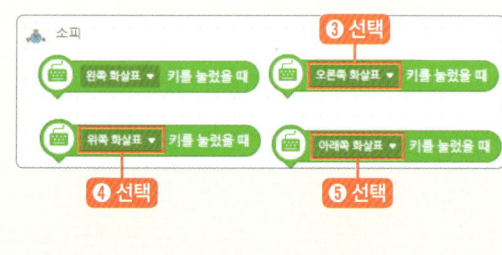

❷ '강물' 오브젝트에 닿아있는 동안만 이동할 수 있도록 이벤트를 주기 위하여 '만일~라면 아니면' 블록 코드를 연결합니다.

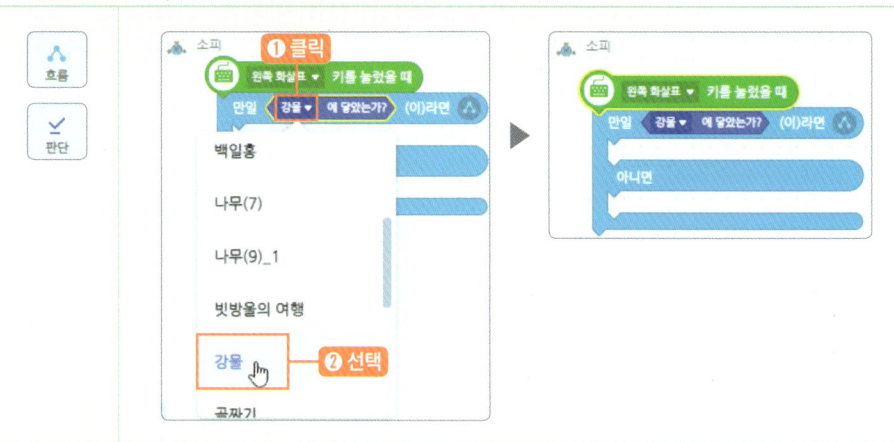

❸ '왼쪽화살표' 키를 눌렀을 때 왼쪽방향(270)을 설정하고 '11'만큼 움직이기를 설정합니다.

❹ 소피가 움직이는 방향에 따라 소피 모양을 바꾸면서 이동할 수 있도록 다음과 같이 블록 코드를 작성합니다.

TIP
'왼쪽 화살표 키를 눌렀을 때' 블록 코드만 작성한 뒤, 나머지 방향은 복사하고 수정하여 블록 코드를 작성하게 됩니다.

❺ 강물이 아닐 경우에는 이동하던 방향의 반대 방향(-20)으로 더 크게 움직임을 주어 튕기듯이 움직이며 강물만 따라서 이동할 수 있도록 [말하기] 블록 코드를 작성합니다.
(말하기 : 강물을 따라가자)

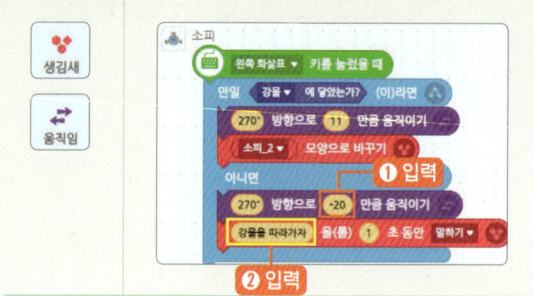

❻ 오른쪽 화살표, 아래쪽 화살표, 위쪽 화살표 키를 눌렀을 때에 각각 블록 코드를 '코드복사&붙여넣기'하여 방향과 모양을 수정하는 블록 코드를 작성합니다.

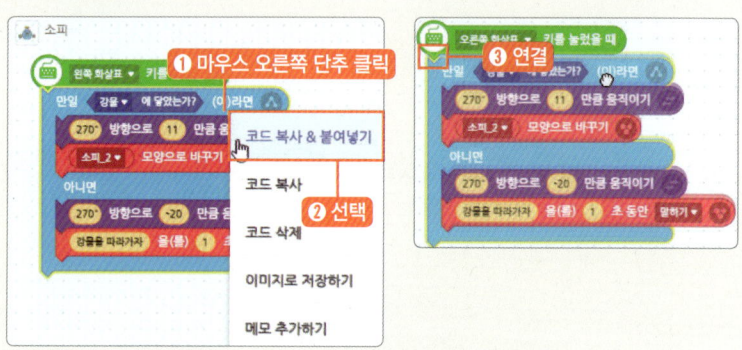

TIP
방향키 키보드의 소피방향과 각도

❼ ▶시작하기 단추를 클릭하여 키보드를 움직여 실행해 보고 키보드 방향에 따라 오브젝트의 모양이 바뀌는 것을 확인합니다.

❽ 완성 엔트리를 '빗방울의 여행_완성'으로 본인 이름의 폴더에 저장합니다.

CHAPTER 13 문제해결능력 스스로 해결하기

■ 불러올 파일 : [13장]-행성탐험.ent   ■ 완성된 파일 : 행성탐험_완성.ent

01 내 맘대로 상상하고 문제 해결하기

미리보기 : 행성탐험_완성.mp4

- '우주인(1)', '회전하는 별', '로켓(3)', '외계인(1)' 오브젝트를 추가하고 위치와 크기를 변경하여 배치합니다.
- 다른 오브젝트를 사용해도 됩니다.

02 디버깅(수정)_컴퓨팅 논리적 사고는 오류를 찾는 것부터

미리보기 : 우주인_완성.mp4

■ 다음 블록 코드를 '우주인(1)' 오브젝트에 만들고 내용에 맞게 블록 코드를 넣어서 완성합니다.

■ 우주인(1)이 키보드 화살표에 맞게 움직이게 합니다. 로켓은 출발 신호를 받으면 위쪽으로 올라가도록 수정합니다.

CHAPTER 13 빗방울의 여행   085

CHAPTER 14 수업준비하기! 코딩의 뇌를 깨우는 5분 스트레칭!

※ 코딩 교육 의무화 대비! 정답은 없어요! 창의력을 위해 자유롭게 적어봅니다.

컴퓨터 사고력은 순서도로 부터!

버스를 이용하는 과정(①) 순서를 확인하고 '보기'에서 빈칸에 맞는 필요한 행동을 찾아 적어볼까요?

버스 ( )으로 가요.

노선도를 보고 목적지로 가는 버스의 ( )를 확인해요.

기다리던 버스가 도착해서 완전히 ( ) 조심해서 타요.

( )카드를 단말기에 소리가 나도록 돼요.

버스가 출발하기 전에 ( )에 앉아요.

보기
신용, 교통, 예, 아니오, 경찰서, 편의점, 정류장, 자리, 번호, 멈추면, 달리면

코딩의 뇌를 깨우는 나만의 알고리즘!

나는 이렇게 해요! 순서도를 보고 알맞은 판단문을 '보기'에서 찾아 완성해 보세요.

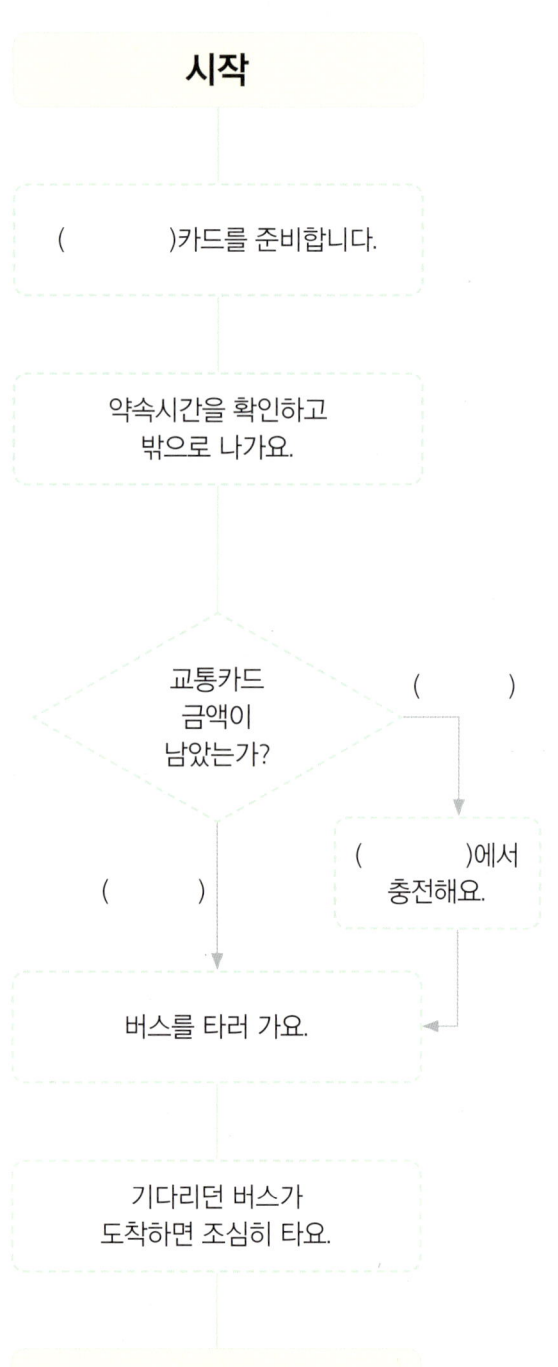

시작

( )카드를 준비합니다.

약속시간을 확인하고 밖으로 나가요.

교통카드 금액이 남았는가? ( )

( ) ( )에서 충전해요.

버스를 타러 가요.

기다리던 버스가 도착하면 조심히 타요.

끝

문제해결능력을 위한 눈코딩!

― 준비물 : 연필

다예는 의류를 정리하고 있습니다. 다음 결과에 알맞은 질문을 생각해보세요.

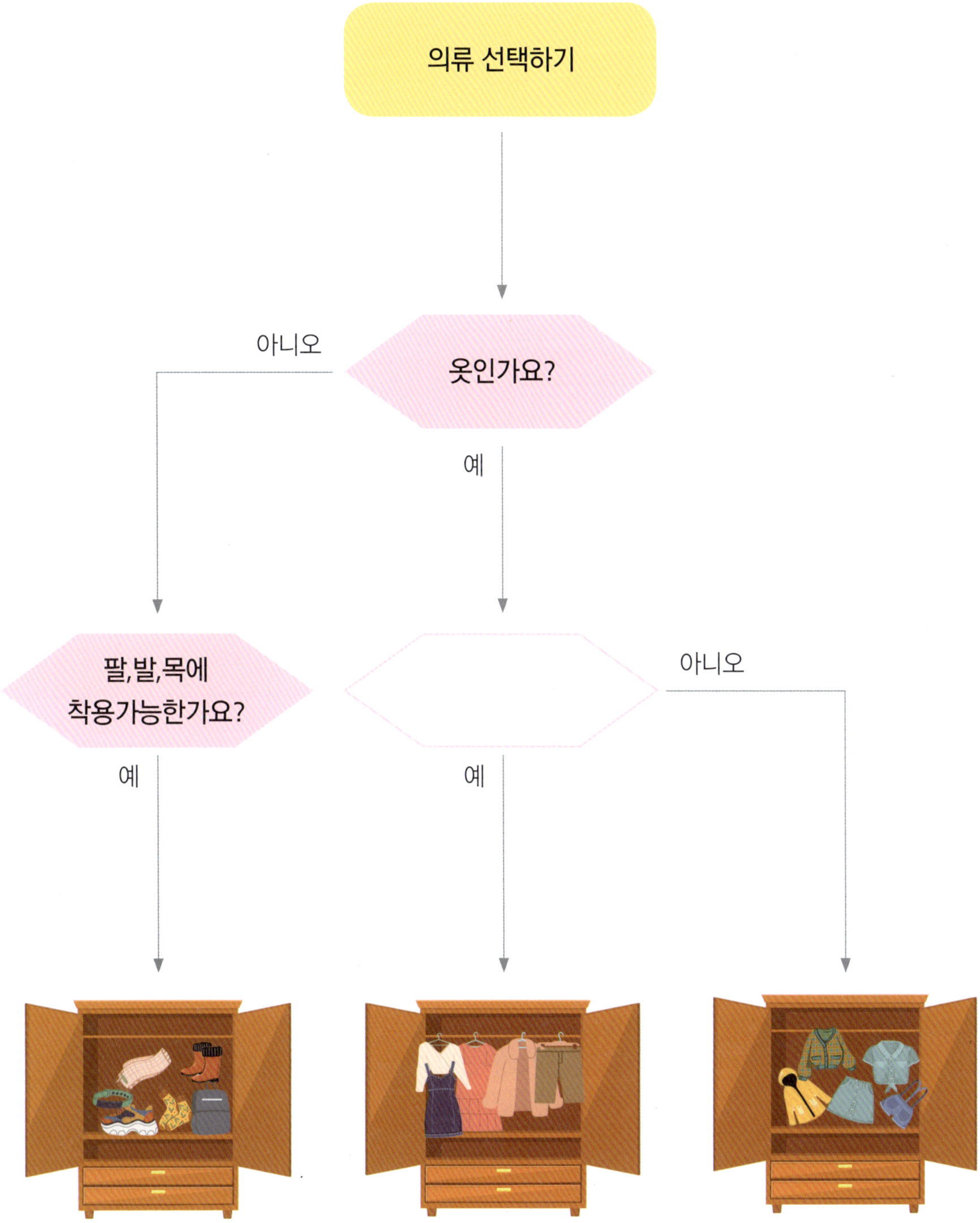

```
        의류 선택하기
              │
              ▼
   아니오   옷인가요?
  ◄────────
              │ 예
              ▼
  팔,발,목에           아니오
  착용가능한가요?    ────────►
     │ 예          │ 예
     ▼             ▼              ▼
```

CHAPTER 14 미로를 탈출하기

▲ 미리보기
미로탈출_완성.mp4

이런걸 배워요!
- 키보드의 방향키로 쿠키사람이 미로의 동물들을 피해서 쿠키집에 도착하도록 코딩합니다.
- 동물들은 쿠키사람이 통과하는 것을 방해하는 동작을 하도록 코딩합니다.

📘 불러올 파일 : [14장]-미로탈출.ent   📗 완성된 파일 : 미로탈출_완성.ent

01 오브젝트 설정하기

❶ [불러올 파일]-[14장]에서 '미로탈출.ent' 파일을 불러온 후 아래와 같이 오브젝트를 추가하고 위치와 크기를 변경합니다.

- **오브젝트** : 미로(4), 과자집(크기 : 75), 쿠키사람(크기 : 25), 두더지, 뱀, 박쥐(1)(크기 : 30)

02 쿠키사람 오브젝트 이벤트 만들기

❶ '쿠키사람' 오브젝트에 말풍선이 나타나고 키보드 방향키로 움직일 수 있도록 아래의 조건을 참고하여 블록 코드를 완성하여 봅니다.(블록 코드는 반복하기 안쪽으로 배치)
([말하기] 블록 코드 시작은 '집으로 출발!' 1초, 과자집 도착은 '도착완료!')
([키보드] 위쪽(y좌표 2), 아래쪽(y좌표 -2), 왼쪽(x좌표 -2), 오른쪽(x좌표 2))

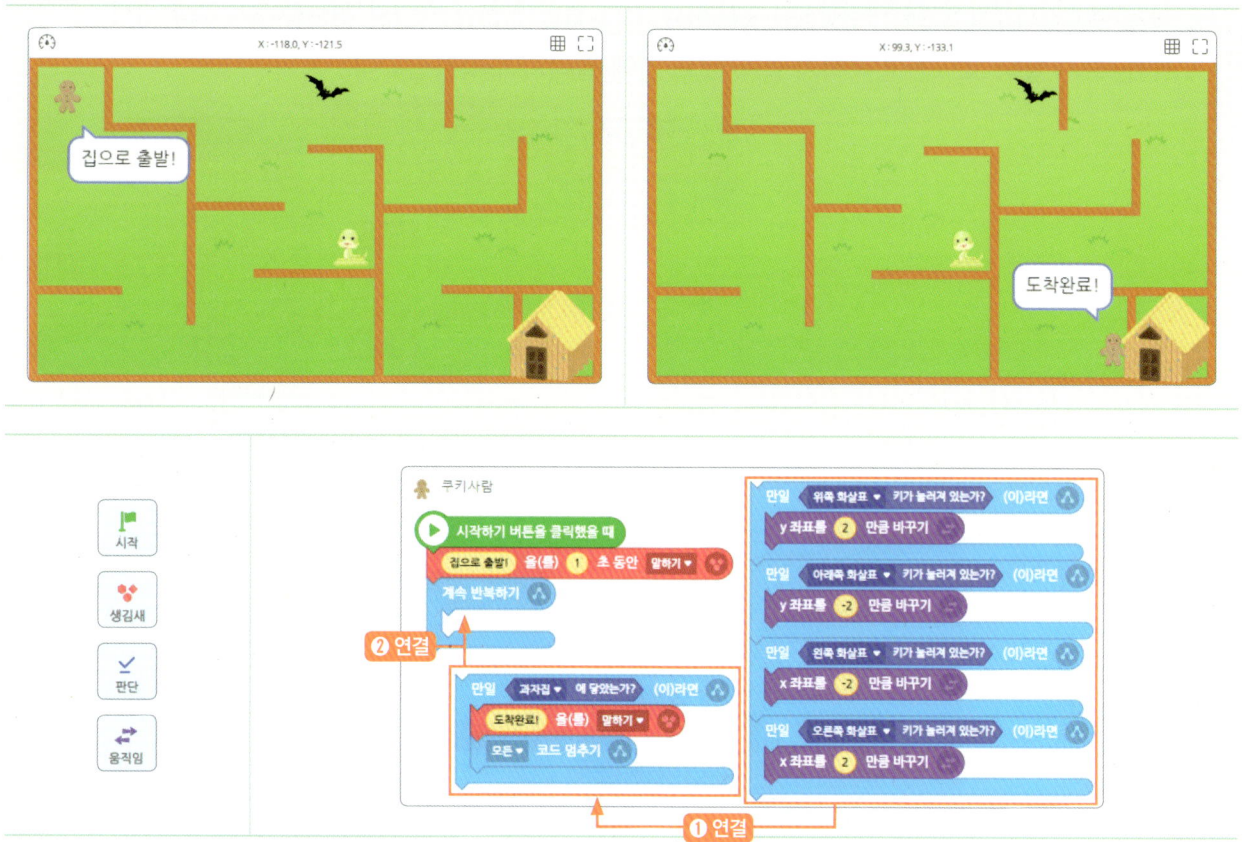

❷ ▶시작하기 단추를 클릭하면 '쿠키사람' 오브젝트가 키보드의 방향키로 미로를 통과해서 '쿠키집' 오브젝트에 잘 도착하는지 확인합니다.

❸ '쿠키사람' 오브젝트가 '미로(4)', '두더지', '뱀', '박쥐(1)' 오브젝트에 닿았을 때 말풍선이 나오고 처음부터 다시 실행하도록 아래의 조건을 참고하여 블록 코드를 완성합니다. ([말하기] 블록 코드는 '에잇! 다시 처음부터!' 0.3초)

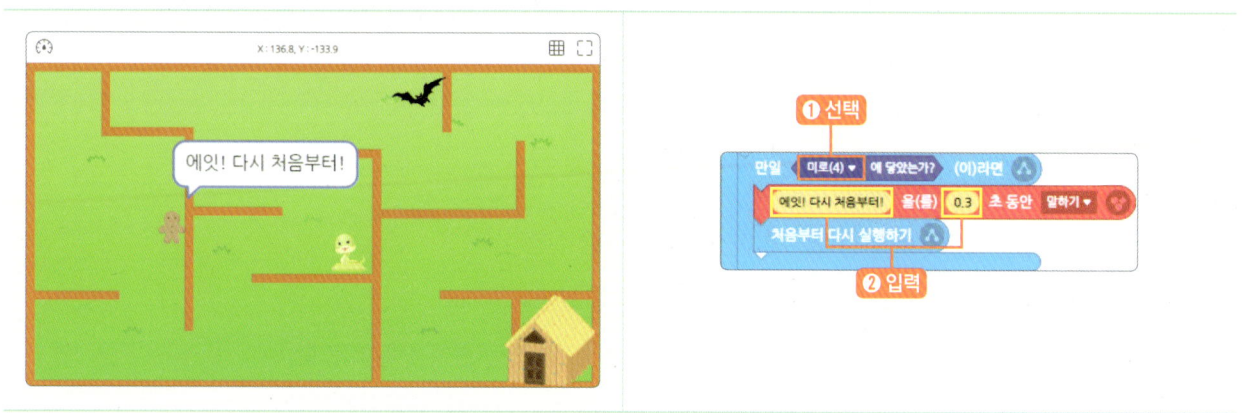

CHAPTER 14 미로를 탈출하기

❹ 블록 코드는 아래와 같이 [코드복사&붙여넣기]를 클릭하고 조건값을 변경하여 사용합니다.
(판단하기 블록 코드는 반복하기 블록 코드 안에 들어가야 작동합니다.)

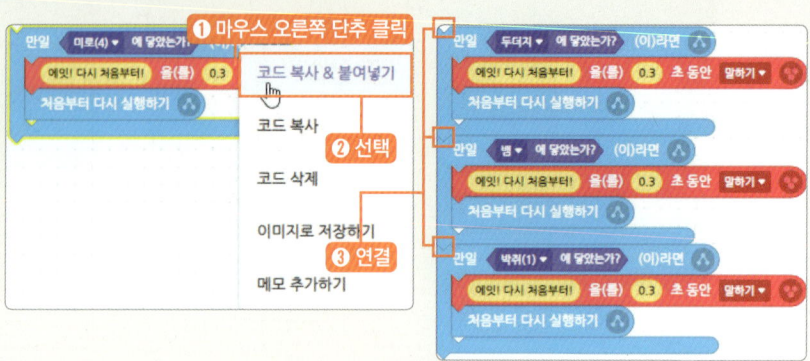

TIP

블록꾸러미의 `참 또는 참` 조건블록을 사용하여 판단 블록 코드를 줄일 수 있는 방법을 알아봅니다.

<방법1> 4개의 판단 블록 코드를 2개로 만들기
- '미로(4)'에 닿았는가? 또는 '두더지'에 닿았는가?
- '뱀'에 닿았는가? 또는 '박쥐(1)'에 닿았는가?

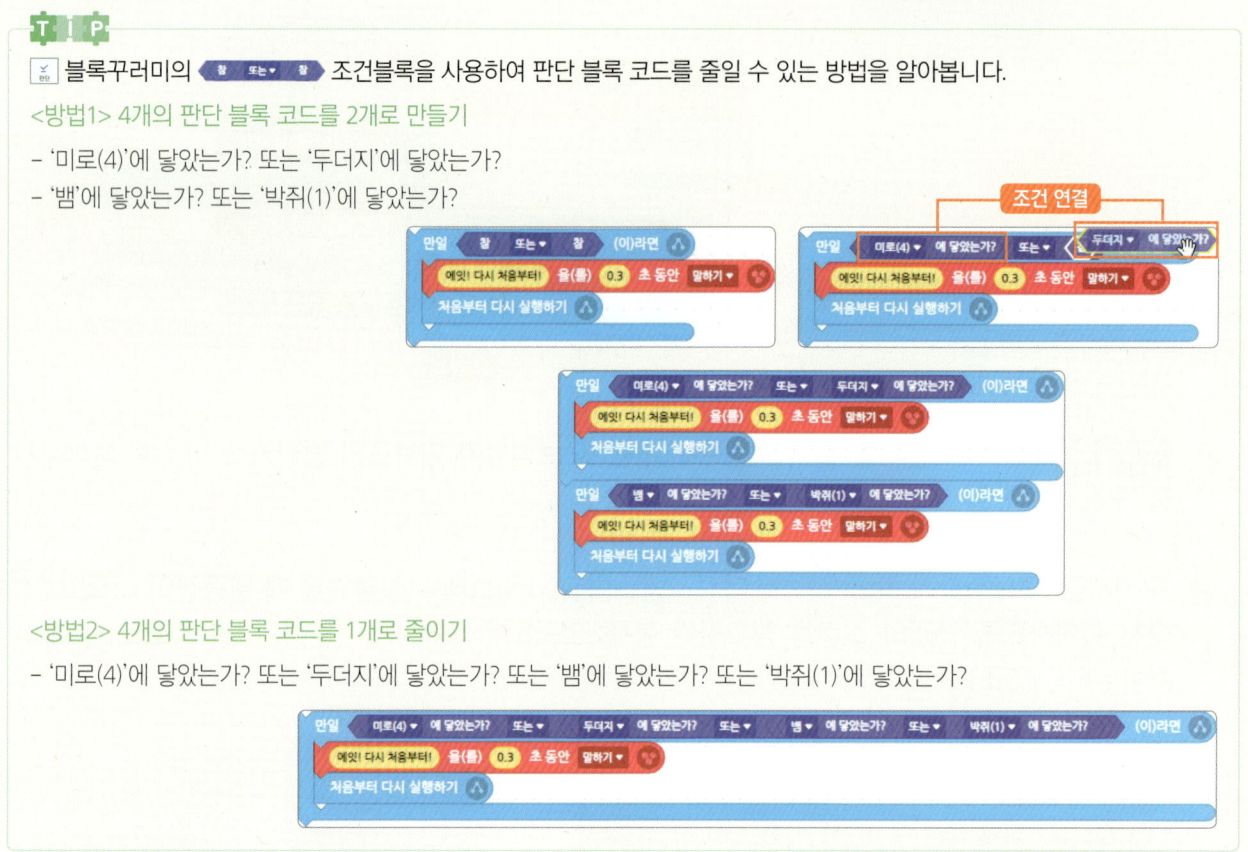

<방법2> 4개의 판단 블록 코드를 1개로 줄이기
- '미로(4)'에 닿았는가? 또는 '두더지'에 닿았는가? 또는 '뱀'에 닿았는가? 또는 '박쥐(1)'에 닿았는가?

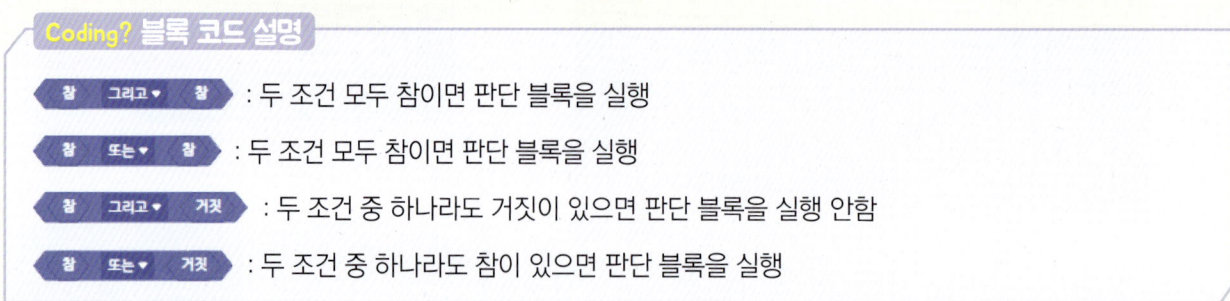

Coding? 블록 코드 설명

- `참 그리고 참` : 두 조건 모두 참이면 판단 블록을 실행
- `참 또는 참` : 두 조건 모두 참이면 판단 블록을 실행
- `참 그리고 거짓` : 두 조건 중 하나라도 거짓이 있으면 판단 블록을 실행 안함
- `참 또는 거짓` : 두 조건 중 하나라도 참이 있으면 판단 블록을 실행

❺ `▶시작하기` 단추를 클릭해서 '쿠키사람' 오브젝트가 미로벽에 부딪히거나 동물들을 만나면 처음부터 다시 시작하는지 확인합니다.

두더지, 뱀, 박쥐(1) 오브젝트 이벤트 만들기

❶ '쿠키사람' 오브젝트가 미로를 통과하여 '쿠키집' 오브젝트에 도착하지 못하도록 방해 동작을 할 수 있도록 블록 코드를 완성합니다.

❷ ▶시작하기 단추를 클릭해서 '두더지', '뱀', 박쥐(1)' 오브젝트가 잘 실행되는지 확인하고, 키보드 방향키로 '쿠키사람' 오브젝트가 미로벽에 부딪히지 않고 동물 오브젝트들의 방해 동작을 피해서 '쿠키집' 오브젝트에 도착할 수 있는지 확인합니다.

❸ 완성된 엔트리를 '미로탈출_완성'으로 본인 이름의 폴더에 저장합니다.

CHAPTER 14 문제해결능력 스스로 해결하기

■ 불러올 파일 : [14장]-좀비미로탈출.ent   ■ 완성된 파일 : 좀비미로탈출_완성.ent

01 내 맘대로 상상하고 문제 해결하기

미리보기 : 좀비미로탈출_완성.mp4

- '해골병사', '유령', '좀비(3)', '좀비(4)' 오브젝트를 추가하고 위치와 크기를 변경하여 배치합니다.
- 다른 오브젝트를 사용해도 됩니다.

02 디버깅(수정)_컴퓨팅 논리적 사고는 오류를 찾는 것부터

미리보기 : 좀비_완성.mp4

■ 다음 블록 코드를 '원' 오브젝트의 반복하기에 넣어서 완성합니다.
■ '원' 오브젝트가 키보드 화살표에 맞게 움직이게 하고 미로(1), 해골병사, 유령, 좀비(3), 좀비(4) 오브젝트는 '원' 오브젝트를 방해할 수 있도록 수정합니다.

MEMO

CHAPTER 15 수업준비하기! 코딩의 뇌를 깨우는 5분 스트레칭!

※ 코딩 교육 의무화 대비! 정답은 없어요! 창의력을 위해 자유롭게 적어봅니다.

컴퓨터 사고력은 순서도로 부터!

버스를 이용하는 과정(②) 순서를 확인하고 '보기'에서 빈칸에 맞는 필요한 행동을 찾아 적어볼까요?

보기
예, 그림, 노선도, 하차벨, 아니오, 단말기, 멈추면, 달리면, 운전대

코딩의 뇌를 깨우는 나만의 알고리즘!

나는 이렇게 해요! 순서도를 보고 알맞은 판단문을 '보기'에서 찾아 완성해 보세요.

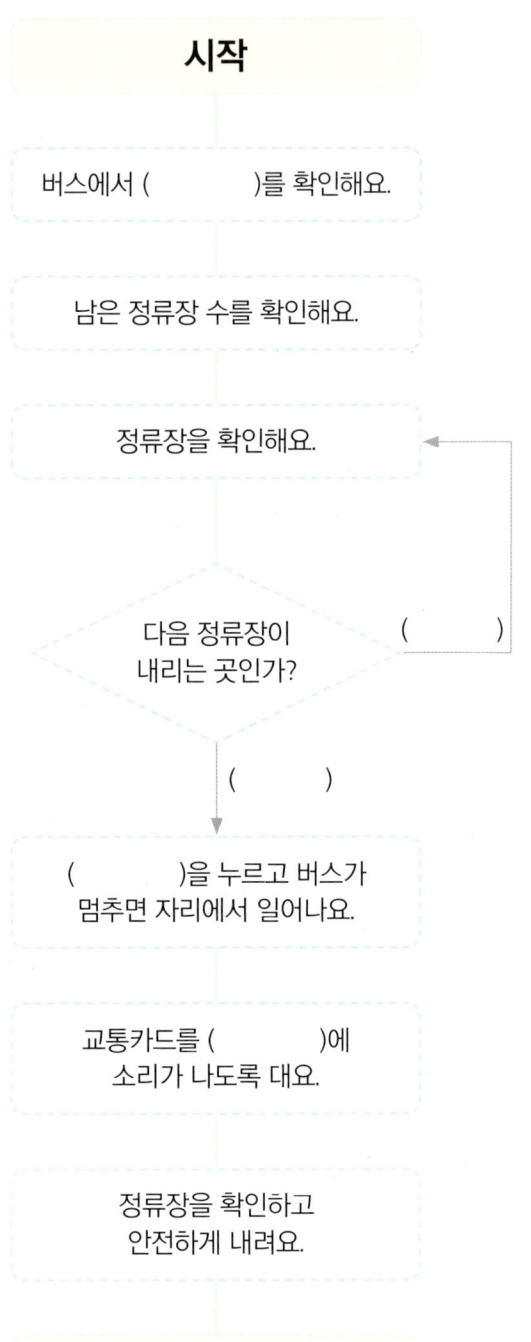

문제해결능력을 위한 눈코딩!

– 준비물 : 연필

다음의 성냥개비 숫자에서 성냥개비 2개를 이동하여 가장 큰 수를 만드세요.
(최대값은 3자리 숫자입니다. 성냥개비는 회전도 가능합니다.)

▶ 정답 :

CHAPTER 15 산타의 임무

▶ 따라보기
산타의 임무_완성.mp4

이런걸 배워요! ● 장면 전환을 통해 산타가 어린이들의 방에 선물상자를 배달하는 동작을 하도록 코딩합니다.

■ 불러올 파일 : [15장]-산타의임무.ent   ■ 완성된 파일 : 산타의임무_완성.ent

01 장면 추가하기

❶ [불러올 파일]-[15장]에서 '산타의임무.ent' 파일을 불러온 후 각 장면 마다 아래와 같이 오브젝트를 추가하고 위치와 크기를 변경합니다. 장면 탭을 추가하는 방법은 실행 화면 상단 장면 탭 오른쪽 ➕ 를 눌러 추가하고, 장면2~장면4의 산타위치는 (x: -180 y:-50)으로 설정하면 산타가 자연스럽게 이동하는 장면이 됩니다.

장면 1

- '크리스마스 마을 풍경(2)' 배경추가
- '산타' 위치 (x: -100 y: -50)

장면 2

- '공주방' 배경추가, '산타(산타_4모양)'
- '선물상자_분홍', '크리스마스 트리'추가, '글상자'(♥ 예쁜 미소방 ♥)

장면 3

- '크리스마스 집안' 배경추가, '산타(산타_4모양)', '선물상자_보라' 추가
- '글상자'(★ 멋진 왕자님 방 ☆)

장면 4

- '크리스마스 마을 풍경' 배경추가
- '산타(산타_4모양)' 추가

02 산타 오브젝트 이벤트 만들기

① <장면1>의 [블록] 탭을 선택하고 '산타' 오브젝트에 아래의 조건을 참고하여 블록 코드를 완성합니다.
[말하기] '어린이들에게 선물을 모두 주려면 서둘러야해!', '1초'
[바꾸기] '산타_4', '산타_5', [움직이기] '10', [기다리기] '0.1초'
[판단] '오른쪽벽'에 닿았는가?, [다음 장면 시작하기]

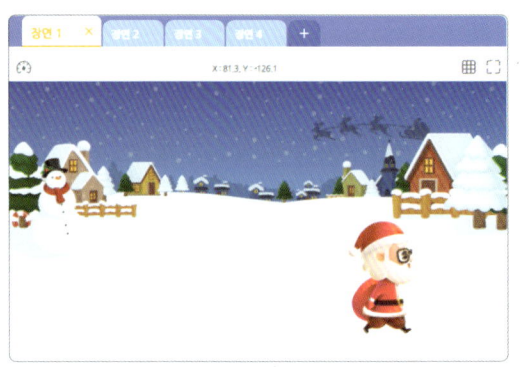

② ▶시작하기 단추를 클릭하면 '산타' 오브젝트가 말하기를 하고 걸어가는 것처럼 움직이는지 확인한 다음, 오른쪽 벽에 닿았을 때 다음 장면(장면2)로 넘어가는지 확인합니다.

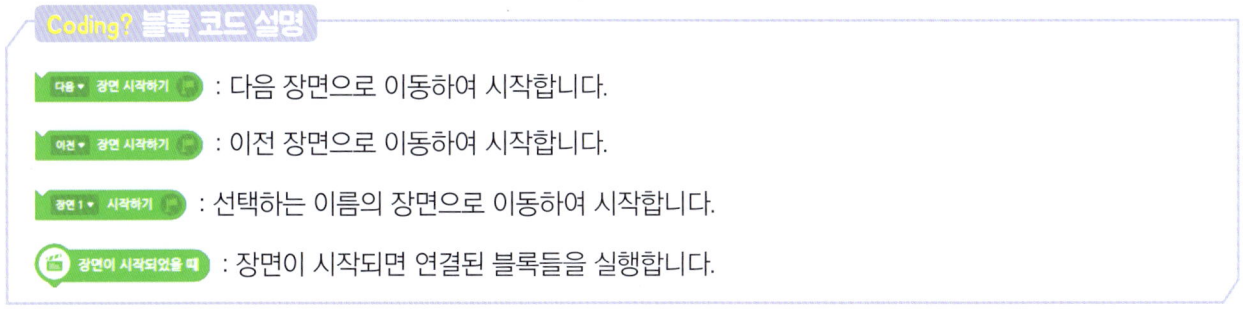

❸ <장면 2>의 [블록] 탭을 선택하고 '산타' 오브젝트에 아래의 조건을 참고하여 블록 코드를 완성합니다. '선물상자_분홍' 오브젝트는 모양 숨기기를 하다가 산타가 지나가면 나타나도록 합니다.
   [말하기] '예쁜 미소에게는 분홍색 선물 상자를~', '2초'
   [바꾸기] '산타_5', '산타_6', [움직이기] '10', [기다리기] '0.1초'

❹ <장면 3>의 [블록] 탭을 선택하고 '산타' 오브젝트에 아래의 조건을 참고하여 블록 코드를 완성하여 봅니다. '선물상자_보라' 오브젝트는 모양 숨기기를 하다가 산타가 지나가면 나타나도록 합니다.
   [말하기] '멋진 왕자님에게는 보라색선물 상자를~', '2초'
   [바꾸기] '산타_5', '산타_6', [움직이기] '10', [기다리기] '0.1초'

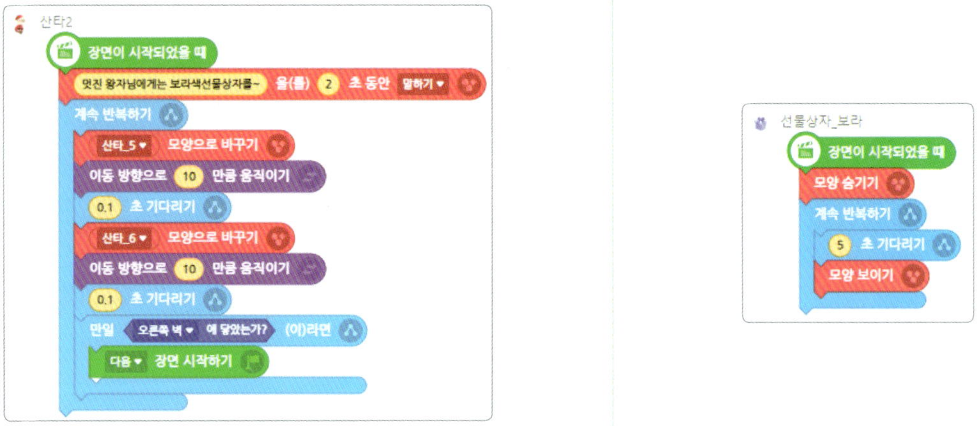

❺ <장면 4>의 [블록] 탭을 선택하고 '산타_4' 오브젝트에 산타의 임무를 마치고 크기가 작아지면서 사라질 수 있도록 아래 그림과 같이 블록 코드를 완성합니다.

❻ ▶시작하기 단추를 클릭해서 <장면 1>부터 <장면 4>까지 '산타' 오브젝트가 임무를 잘 마치고 사라지는지 확인합니다.

❼ 완성된 엔트리를 '산타의임무_완성'으로 본인 이름의 폴더에 저장합니다.

CHAPTER 15 산타의 임무

CHAPTER 15 · 문제해결능력 스스로 해결하기

📁 불러올 파일 : [15장]-당나귀의모험.ent   📁 완성된 파일 : 당나귀의모험_완성.ent

01 내 맘대로 상상하고 문제 해결하기

- <장면 1> '검은 돌멩이', '검은 돌멩이1' 오브젝트를 추가하고 배치합니다.

- <장면 2>를 추가하고 '잔디 언덕(1)', '건물(3)', '당근', '당나귀(2)' 오브젝트를 추가하고 위치와 크기를 변경하여 배치합니다.

02 디버깅(수정)_컴퓨팅 논리적 사고는 오류를 찾는 것부터

미리보기 : 당나귀_완성.mp4

■ 다음 '당나귀' 오브젝트를 수정하여 키보드로 움직이는 모습을 완성합니다.

| 장면 1 |
| 장면 2 |

■ '당나귀' (움직이면서 점프하도록 수정), '검은 돌멩이' (크기 작게, 닿으면 처음부터 다시), '당근'(닿으면 없어지도록 수정)

CHAPTER 16 컴퓨팅 사고력 완성하기(종합실습)

■ 불러올 파일 : 우주탐험.ent   ■ 완성된 파일 : 우주탐험_완성.ent

01 [불러올 파일]-[16장]에서 '우주탐험.ent' 파일을 불러온 후 각 장면마다 아래와 같이 오브젝트를 추가하고 위치와 크기를 변경합니다.

- '우주선 탄 엔트리봇' 오브젝트는 복사하여 각 장면마다 붙여넣기를 합니다.
- [장면 3]은 '우주선 탄 엔트리봇' 크기(20) 블록 코드를 추가합니다.

장면 1

▲ 미리보기 : 우주탐험(1)_완성.mp4

- '우주(3)' 배경추가
- '엔트리봇' 위치 (x: -200 y: 0)
- '태양계-수성'(크기 50)
- '태양계-금성'(크기 90)

장면 2

▲ 미리보기 : 우주탐험(2)_완성.mp4

- '우주(3)' 배경추가
- '태양계-지구'(크기 100)
- '태양계-화성'(크기 50)
- '태양계-달'(크기 10)

장면 3

▲ 미리보기 : 우주탐험(3)_완성.mp4

- '우주(3)' 배경추가
- '태양계-목성'(크기 100)
- '태양계-토성'(크기 100)

장면 4

▲ 미리보기 : 우주탐험(4)_완성.mp4

- '우주정거장' 배경추가

02 다음 각 장면마다 조건에 맞게 블록 코드를 완성합니다.

미리보기 : 우주선_완성.mp4

- '우주선 탄 엔트리봇' 오브젝트를 키보드의 방향키에 맞게 움직이도록 설정합니다.
- 우주선이 오른쪽 벽에 닿았을 때 다음 장면으로 시작합니다.
- '태양계 – 수성' 오브젝트는 '우주선 탄 엔트리봇'을 만나면 자신을 소개하는 대사를 말합니다. 같은 방법으로 '태양계 – 금성' 오브젝트도 말하기 설정을 합니다.
  [말하기] '안녕~나는 수성이야', '2초', '안녕~나는 금성이야', '2초'

장면 1

- 장면 2, 장면 3, 장면 4에 '우주선 탄 엔트리봇' 오브젝트를 복사하고 장면마다 블록 코드가 동작되도록 수정합니다.

① [장면 2]에서는 [시작하기 버튼을 클릭했을 때] 블록 코드가 아닌 [장면이 시작되었을 때] 블록 코드를 이용합니다.

- 장면 2 [말하기] '안녕~나는 지구야', '안녕~나는 화성이야', '안녕~나는 달이야'

- 장면 3은 목성이 지구보다 크기 때문에 우주선을 크기를 작게하는 블록 코드로 시작합니다.
- 장면 3 [말하기] '안녕~나는 목성이야. 나는 태양계에서 가장 커', '안녕~나는 토성이야. 나는 목성 다음으로 크기가 커'
- 장면 4 [말하기] '우주 정거장에 도착했다!', [모든 코드 멈추기] 사용

CHAPTER 16 컴퓨팅 사고력 완성하기(종합실습)

CHAPTER 17 수업준비하기! 코딩의 뇌를 깨우는 5분 스트레칭!

※ 코딩 교육 의무화 대비! 정답은 없어요! 창의력을 위해 자유롭게 적어봅니다.

컴퓨터 사고력은 순서도로 부터!

학교 폭력 순서를 확인하고 '보기'에서 빈칸에 맞는 필요한 행동을 찾아 적어볼까요?

학교 및 담임선생님에게 얘기해요. (대표번호 :   )

(   ) 친구 및 가해 친구를 분리해요.

면담 등을 통해 학교 (   )을 확인해요.

학교폭력대책 자치위원회

사안에 따라 자체해결 혹은 (   )를 열어요.

피해 친구에게 (   )하고 친하게 지내요.

보기

112, 113, 117, 가해, 피해, 위로, 놀림, 폭력, 학폭위, 상담, 때리는 친구, 맞은 친구, 담임 선생님

코딩의 뇌를 깨우는 나만의 알고리듬!

문제해결능력! 학교폭력의 다음과 같은 상황이라면 어떻게 해야 할까요? '보기'에서 찾아 완성해 보세요.

다른 친구가 맞거나 놀림 당할 때	내가 해야 할 일1	내가 해야 할 일2
	( )를 말려요. 그리고 다른 사람을 괴롭히면 안된다고 말해요.	( )께 알려요.
친구가 나에게 하기 싫은 일을 시킬 때	**대화**	**알리기**
	친구에게 하기 싫다고 정확히 말해요.	나에게 있었던 일을 ( )께 알려요.

문제해결능력을 위한 눈코딩!

– 준비물 : 연필

다음과 같은 그림을 완성하기 위해서 필요한 그림 2장을 고르세요.

CHAPTER 17 화산이 터지기 전에 피해!

CHAPTER 17 화산이 터지기 전에 피해!

▲ 미리보기
화산폭발_완성.mp4

이런걸 배워요! • 화산활동의 단계별 신호 보내기를 하여 화산활동을 순서대로 실행합니다. 펭귄들이 화산 폭발 전에 피했다가 안전할 때 돌아오는 방법을 알아봅니다.

■ 불러올 파일 : [17장]-화산폭발.ent   ■ 완성된 파일 : 화산폭발_완성.ent

01 배경 오브젝트의 모양 추가 및 설정

❶ [불러올 파일]-[17장]에서 '화산폭발.ent' 파일을 불러온 다음 '화산_1'오브젝트를 클릭하여 [모양]탭을 선택하고  클릭한 다음 파일 올리기 – [파일 올리기(⬆)]를 클릭하고 [불러올 파일]-[17장] 에서 '화산_2.png'부터 순서대로 '화산_6.png'까지 파일을 추가합니다.

❷ [블록] 탭을 선택하고 '화산_1'오브젝트와 '원주민'오브젝트에 다음과 같이 블록 코드를 완성합니다.

TIP
순서가 있는 오브젝트의 시작 모양은 [모양]탭에서 마지막에 클릭하여 보여진 모양으로 시작이 되기 때문에 시작 모양을 '화산_1' 블록 코드로 설정해주고 시작합니다.

02 화산활동 순서에 맞도록 신호 만들기

❶ [속성] 탭에서 [신호]를 클릭하여 [신호 추가하기]를 클릭하여 신호를 작성합니다.

❷ [신호]의 이름은 다음과 같이 [신호 추가하기]를 추가하여 작성합니다.

신호이름	화산활동 시작	도망가자	화산폭발	화산종료	안전해
모양					

03 화산활동 시작하기

❶ '화산_1' 오브젝트의 [블록] 탭을 선택하고 다음과 같이 블록 코드를 추가 연결합니다.
[신호] '화산활동시작', [기다리기] '2초', [신호] '도망가자',
[바꾸기] '화산_2', [기다리기] '2초'

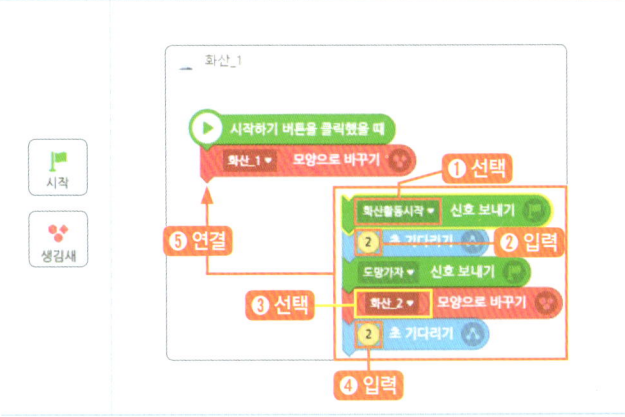

❷ '원주민' 오브젝트를 선택하고 다음과 같이 블록 코드를 완성합니다.
[말하기] '화산이 활동을 시작했다. 모두 조심해!', '2초'

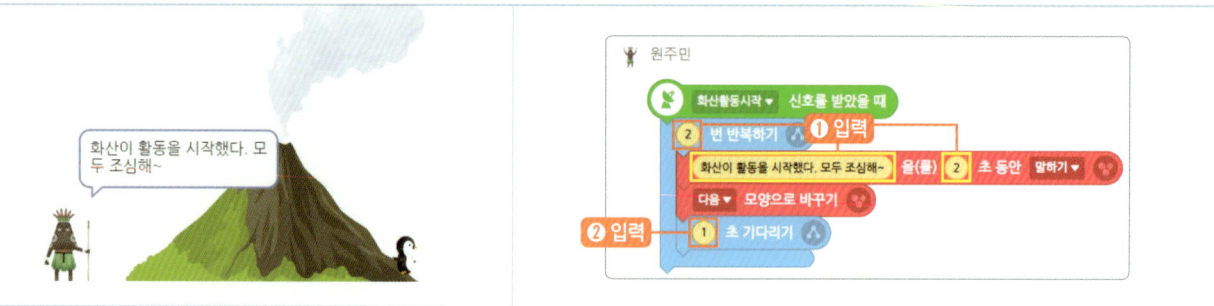

❸ '펭귄' 오브젝트에서 [블록] 탭을 선택하고 다음과 같이 블록 코드를 완성합니다.

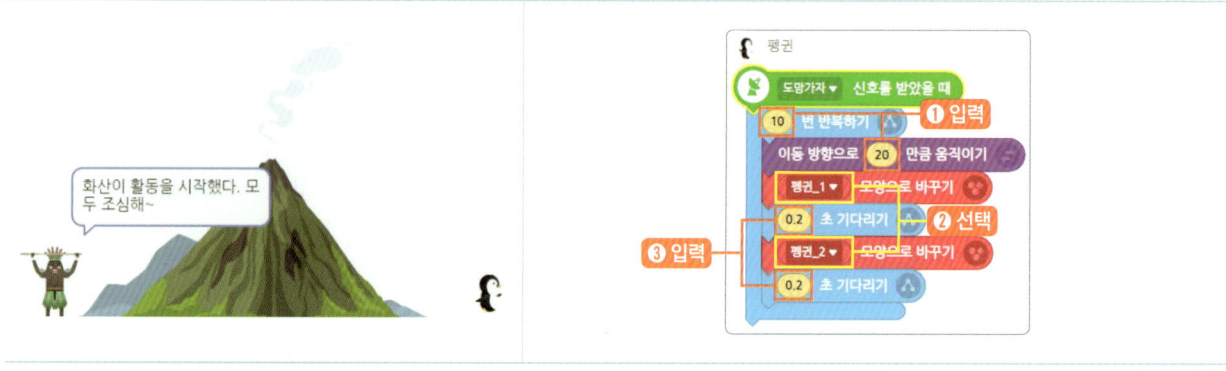

04 화산 폭발하기

❶ '화산_1' 오브젝트에 '화산폭발' 신호 보내기 블록 코드부터 다음과 같이 연결하여 완성합니다. 이어서, '원주민' 오브젝트를 선택하고 다음과 같이 블록 코드를 완성합니다.
[말하기] '모두피해~', '2초'

05 화산종료

① '화산_1' 오브젝트에서 '화산종료' 신호 보내기 블록 코드부터 다음과 같이 연결하여 완성합니다. 이어서, '원주민' 오브젝트를 선택하고 다음과 같이 블록 코드를 완성합니다. [말하기] '이제 안전해~', '2초'

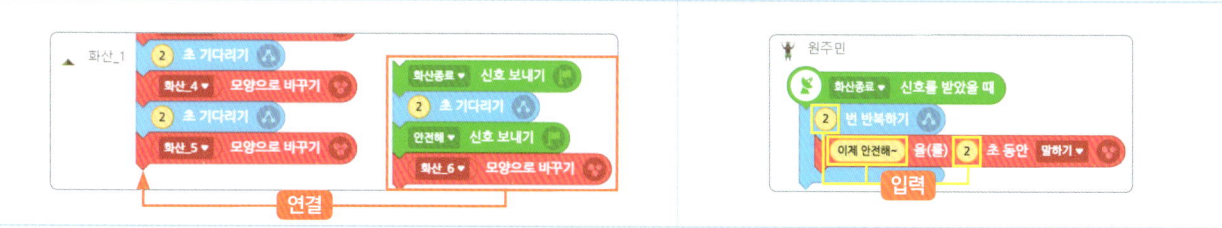

② '펭귄' 오브젝트를 선택하고 다음과 같이 블록 코드를 완성합니다.

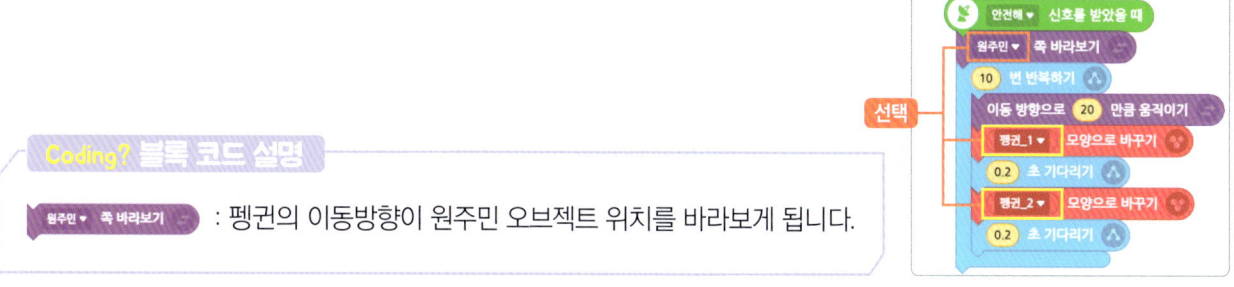

③ '펭귄' 오브젝트를 선택하고 복제하여 크기와 위치를 조절하여 배치합니다.

④ ▶시작하기 단추를 클릭하여 화산활동 순서에 맞게 모양이 바뀌고 펭귄들이 이동하는지 확인합니다.

⑤ 완성 엔트리를 '화산폭발_완성'으로 본인 이름의 폴더에 저장합니다.

CHAPTER 17  문제해결능력 스스로 해결하기

📁 불러올 파일 : [17장]-사계절.ent   📁 완성된 파일 : 사계절_완성.ent

01 내 맘대로 상상하고 문제 해결하기

미리보기 : 사계절_완성.mp4

- '계절_1' 오브젝트 모양에 '계절_2.png'부터 순서대로 '계절_4.png'까지 파일을 추가합니다. 그리고 오브젝트의 모양은 '계절_1'로 변경합니다.
- '선생님(2)', '뛰어노는 아이' 오브젝트를 추가 하고 배치합니다.

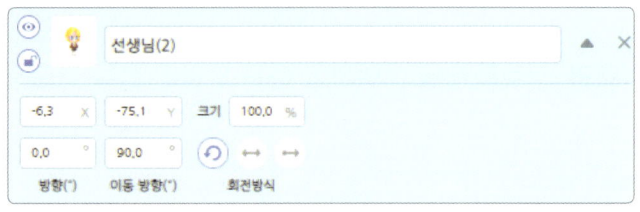

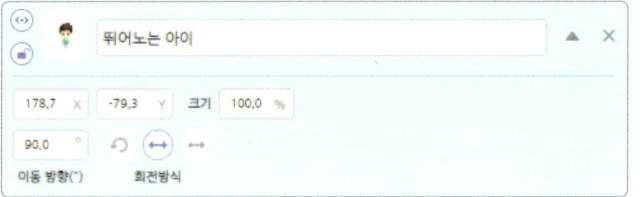

- 다른 오브젝트를 사용해도 됩니다.

02 디버깅(수정)_컴퓨팅 논리적 사고는 오류를 찾는 것부터

미리보기 : 계절_완성.mp4

- 계절 이름으로 신호보내기를 만듭니다.([신호] 봄, 여름, 가을, 겨울)
- '계절_1' 오브젝트의 블록 코드를 완성하고 복사하여 각 계절에 맞게 모양을 바꿉니다. ('계절_2'에서 '계절_4' 모양으로 변경하고 계절별 신호를 보내기)
- 계절 신호에 맞게 '뛰어노는 아이', '선생님(2)' 오브젝트에 다음과 같이 블록 코드를 완성합니다. (각 계절에 맞게 자유롭게 움직이거나 말하기를 넣어봅니다.)

CHAPTER 18 수업준비하기! 코딩의 뇌를 깨우는 5분 스트레칭!

※ 코딩 교육 의무화 대비! 정답은 없어요! 창의력을 위해 자유롭게 적어봅니다.

컴퓨터 사고력은 순서도로 부터!

맛있는 떡볶이를 만드는 순서를 확인하고 '보기'에서 빈칸에 맞는 필요한 행동을 찾아 적어볼까?

( )을 준비해요.

물과 떡볶이 ( )을 넣고 끓여요.

물이 끓으면 ( )을 넣고 잘 풀어줘요.

국물이 졸아들면 ( )과 채소를 넣고 더 끓여요.

그릇에 담아 맛있게 먹어요.

보기
프라이팬, 밥 그릇, 물, 떡, 예, 아니오, 양념, 식용유, 어묵, 삼겹살

코딩의 뇌를 깨우는 나만의 알고리듬!

나는 이렇게 해요! 순서도를 보고 알맞은 판단문을 '보기'에서 찾아 완성해 보세요.

시작

( )에 물을 넣고 끓여요.

물이 끓으면 ( )과 양념을 넣고 잘 풀어줘요

어묵, 소시지, 채소를 넣고 위에 모짜렐라 치즈를 뿌려요.

프라이팬 뚜껑을 닫아요.

치즈가 녹았는가? ( )

( )

떡볶이를 접시에 담아요.

맛있게 떡과 치즈를 같이 먹어요.

끝

문제해결능력을 위한 누코딩!

– 준비물 : 연필

원 안쪽에 있는 음식을 보고 들어가는 재료를 써 볼까요?
(음식의 재료가 많으면 더 써도 됩니다.)

김밥 — 김, 당근, 소금, ○, ○

삼계탕 — 마늘, 대추, 인삼, ○, ○

떡볶이 — 설탕, 쌀떡, 마늘, ○, ○

비빔밥 — 고추장, 들기름, ○, ○

CHAPTER 18 아기돼지와 늑대

▶ 미리보기
아기돼지와늑대_완성.mp4

이런걸 배워요!
- 여러개의 변수를 추가하고 활용하는 방법을 알아보고 초시계를 설정하여 제한시간동안만 실행되는 방법을 알아봅니다.
- 바람 오브젝트가 늑대인간 오브젝트의 위치에서 실행되는 방법을 알아봅니다.

📁 불러올 파일 : [18장]-아기돼지와늑대.ent   📁 완성된 파일 : 아기돼지와늑대_완성.ent

01 오브젝트의 크기 설정하기

❶ [불러올 파일]-[18장]에서 '아기돼지와 늑대.ent' 파일을 불러온 다음 각 오브젝트의 크기를 다음과 같이 변경합니다.
(늑대인간 : 50%, 아기돼지 삼 형제(첫째, 둘째, 셋째) : 30%, 바람 : 50%)

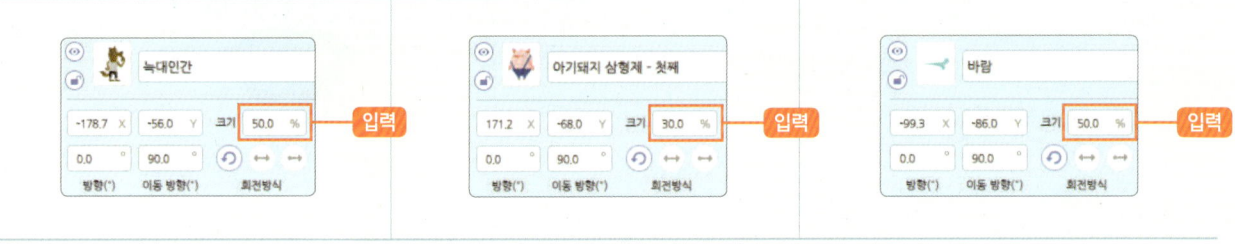

02 늑대인간

❶ '늑대인간' 오브젝트에 키보드의 방향키를 눌렀을 때 다음과 같이 블록 코드를 완성합니다.

> **TIP**
> '왼쪽 화살표 키를 눌렀을 때'와 '오른쪽 화살표 키를 눌렀을 때'에는 늑대인간 오브젝트 모양에서 키보드의 이동방향에 알맞은 방향으로 모습이 바뀌도록 설정합니다.

❷ '늑대인간' 오브젝트를 선택하고 다음과 같이 블록 코드를 완성합니다.
[말하기] '귀찮은 아기돼지들 날려버리겠어!!', '3초'

❸ '늑대인간' 오브젝트에 제한시간(20초) 실행 조건의 블록 코드를 추가 연결합니다.

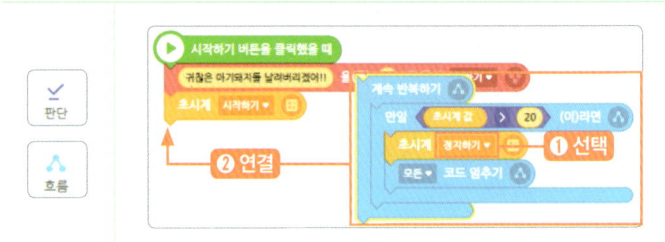

> **TIP**
> '초시계 시작하기' 블록은 '시작하기', '정지하기', '초기화하기'의 기능을 가지고 있어 쓰임에 알맞게 설정하여 활용할 수 있습니다.

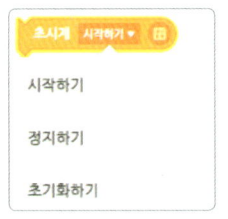

❹ '늑대인간' 오브젝트를 선택하고 [시작] '스페이스 키를 눌렀을 때'에 다음과 같이 모양이 바뀌는 블록 코드를 완성합니다.

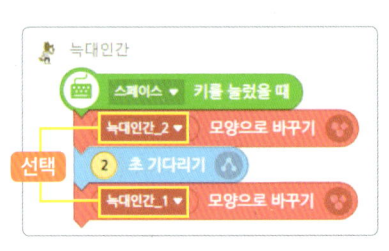

CHAPTER 18 아기돼지와 늑대

03 바람 불기

❶ '바람' 오브젝트를 선택하여 다음과 같이 블록 코드를 완성합니다.

❷  '스페이스'로 설정하여 '바람' 오브젝트가 '늑대인간' 오브젝트의 위치로 이동하도록 다음과 같이 설정하여 블록 코드를 연결합니다.
x : (늑대인간의 X좌표값)+50, y : (늑대인간의 y좌표값) 위치로 이동하기

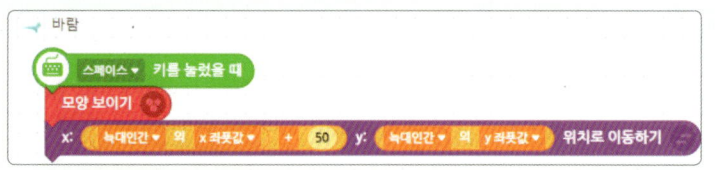

> **Coding? 블록 코드 설명**
>
>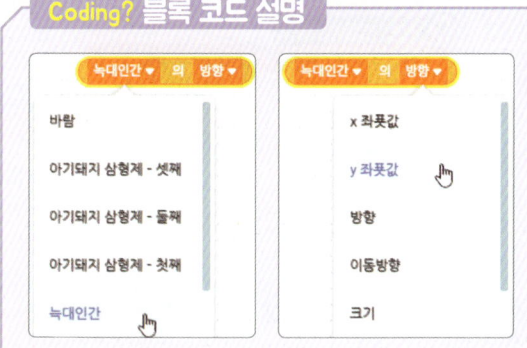
>
> 구성 : '오브젝트목록'의 '속성' 값
> 사용 중인 모든 오브젝트 선택 가능하며, 오브젝트의 x좌표 값, y좌표 값, 방향, 이동방향, 크기, 모양 번호, 모양 이름을 선택하여 알맞게 사용할 수 있습니다.

❸ 모양 바꾸기를 반복하고 숨기는 블록 코드를 연결하여 '바람' 오브젝트를 완성합니다.

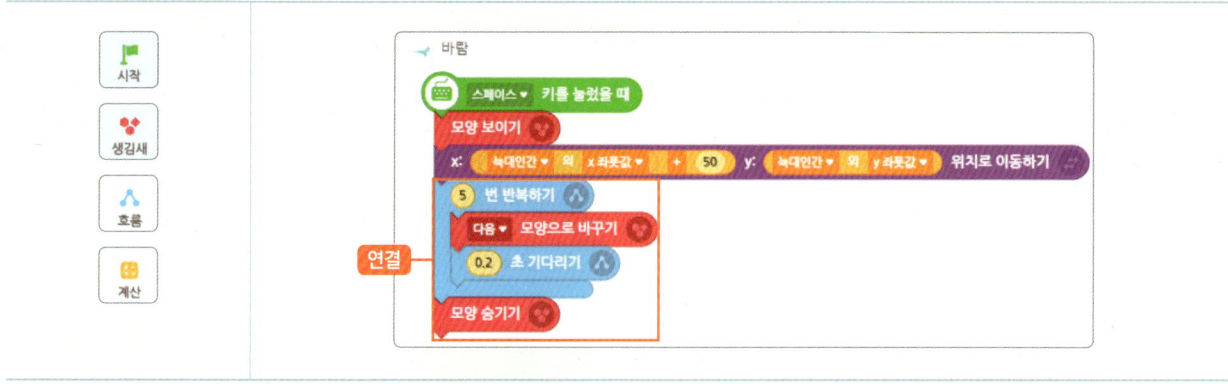

04 아기돼지삼형제

❶ 아기돼지 삼 형제의 첫째, 둘째, 셋째변수를 [속성]탭을 선택하여 변수를 추가합니다.

❷ '아기돼지 삼 형제 – 첫째' 오브젝트를 무작위 수를 활용하여 임의의 위치로 이동하도록 다음과 같이 블록 코드를 작성합니다.

- x 위치와 y 위치에 무작위 수 블록 코드를 연결
- x : –110부터 175 사이의 무작위 수
- y : –100부터 –20 사이의 무작위 수

❸ 바람에 닿는 경우에 대해서 다음과 같이 블록 코드를 완성합니다.

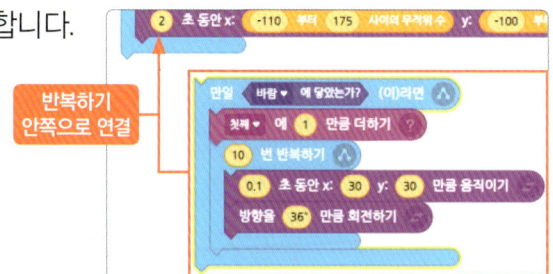

❹ '아기돼지 삼 형제 – 둘째' 오브젝트와 '아기돼지 삼 형제 – 셋째' 오브젝트에 첫째 돼지 블록 코드를 복사하고 변수를 변경합니다.
   - 둘째 변수에 1만큼 더하기
   - 셋째 변수에 1만큼 더하기

❺ ▶시작하기 단추를 클릭하여 실행합니다.

❻ 완성된 엔트리를 '아기돼지와늑대완성'으로 본인 이름의 폴더에 저장합니다.

CHAPTER 18 문제해결능력 스스로 해결하기

📁 불러올 파일 : [18장]-도와줘친구.ent   📗 완성된 파일 : 도와줘친구_완성.ent

01 내 맘대로 상상하고 문제 해결하기

미리보기 : 도와줘친구_완성.mp4

- '당나귀(2)', '달팽이' 오브젝트를 추가하고 배치합니다.
- '당나귀(2)' (x:-200 y:-80), (크기 60)
- '달팽이' (x:-60 y:-90), (크기 50)
- 다른 오브젝트를 사용해도 됩니다.

02 디버깅(수정)_컴퓨팅 논리적 사고는 오류를 찾는 것부터

미리보기 : 당나귀_완성.mp4

- 신호보내기를 만들어봅니다.([신호]도와줘, 도착)
- '당나귀(2)' 오브젝트를 키보드로 움직일 수 있게 블록 코드를 완성합니다.
- '당나귀(2)'가 '달팽이'를 만나면 '달팽이'는 '당나귀(2)' 머리 위쪽으로 이동하도록 값을 입력하여 완성합니다.

MEMO

CHAPTER 19 수업준비하기! 코딩의 뇌를 깨우는 5분 스트레칭!

※ 코딩 교육 의무화 대비! 정답은 없어요! 창의력을 위해 자유롭게 적어봅니다.

컴퓨터 사고력은 순서도로 부터!

학교 계단 오르는 순서를 확인하고 '보기'에서 빈칸에 맞는 필요한 행동을 찾아 적어볼까요?

한 계단식 (　　)으로 다녀요.

(　　)말고 천천히 걸어요.

친구들과 (　　)을 치지 않아요.

가급적 (　　)를 잡고 걸어요.

발 모양을 (　　)자로 걸어요.

보기

왼쪽, 오른쪽, 뛰지, 걷지, 앞으로, 뒤로, 농담, 장난, 11, 8, 손잡이, 안전줄

코딩의 뇌를 깨우는 나만의 알고리듬!

문제해결능력! 계단 오르기 운동의 장점은 무엇인지 체크해 볼까요?

- ☐ 허벅지 근력 강화
- ☐ 암기력 향상
- ☐ 지구력이 좋아진다.
- ☐ 수학을 잘한다.
- ☐ 혈액순환
- ☐ 살이 빠진다.
- ☐ 허리가 튼튼해 진다.
- ☐ 타자속도 향상

문제해결능력을 위한 눈코딩!

– 준비물 : 연필

다음과 같이 9칸짜리의 빙고판이 있습니다.

빙고가 되지 않도록 6개의 칸을 동그라미 표시를 해보세요.

(조건 : 6칸 모두 동그라미 표시를 해야 하며, 3개가 연속적으로 연결되지 않아야합니다.)

CHAPTER 19 로봇청소기

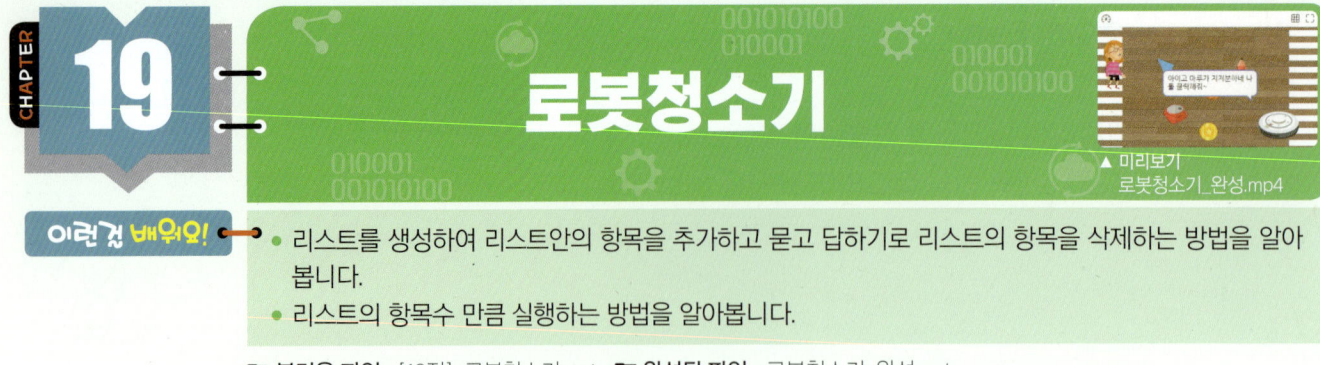

▲ 미리보기
로봇청소기_완성.mp4

이런걸 배워요!
- 리스트를 생성하여 리스트안의 항목을 추가하고 묻고 답하기로 리스트의 항목을 삭제하는 방법을 알아봅니다.
- 리스트의 항목수 만큼 실행하는 방법을 알아봅니다.

■ 불러올 파일 : [19장]-로봇청소기.ent   ■ 완성된 파일 : 로봇청소기_완성.ent

01 리스트

① [불러올 파일]-[19장]에서 '로봇청소기.ent' 파일을 불러온 다음 ┌ + 오브젝트 추가하기 ┐ 클릭하여 '마루바닥' 오브젝트 위에 놓을 물건을 아래 그림과 같이 오브젝트의 위치와 크기를 변경하여 배치합니다.

■ 오브젝트 : 동전, 농구공_2, 몽당연필, 칠교놀이 조각

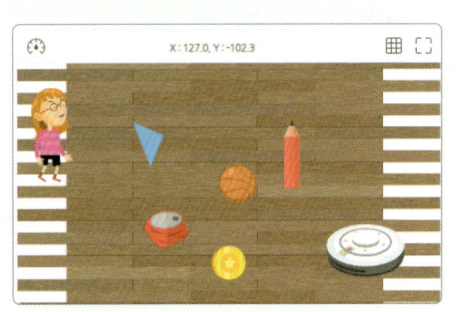

② [속성] 탭에서 ┌ 리스트 ┐를 선택하고 ┌ 리스트 추가하기 ┐ 클릭한 다음 리스트 이름에 '청소기'를 입력 후 <리스트 추가> 단추를 클릭합니다.

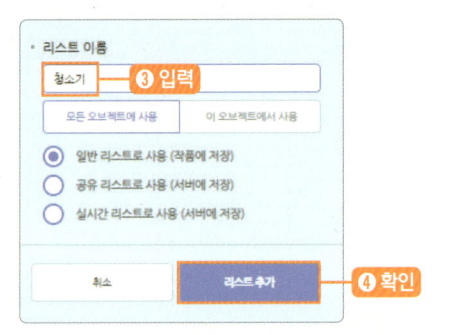

리스트 추가하기

❶ [블록] 탭을 선택하고 '찌그러진캔' 오브젝트에 다음과 같이 블록 코드를 완성합니다.

❷ '찌그러진캔' 오브젝트의 블록 코드를 복사하고 다른 물건들의 오브젝트에 붙여넣기를 합니다.

❸ 각 물건들 오브젝트의 리스트 항목에 들어갈 이름을 클릭하여 수정합니다.

03 리스트의 항목 수 만큼 반복하기

❶ [블록] 탭을 선택하고 '로봇청소기' 오브젝트에 다음과 같이 블록 코드를 완성합니다.
[말하기] '아이고 마루가 지저분하네. 나를 클릭해줘~', '2초'

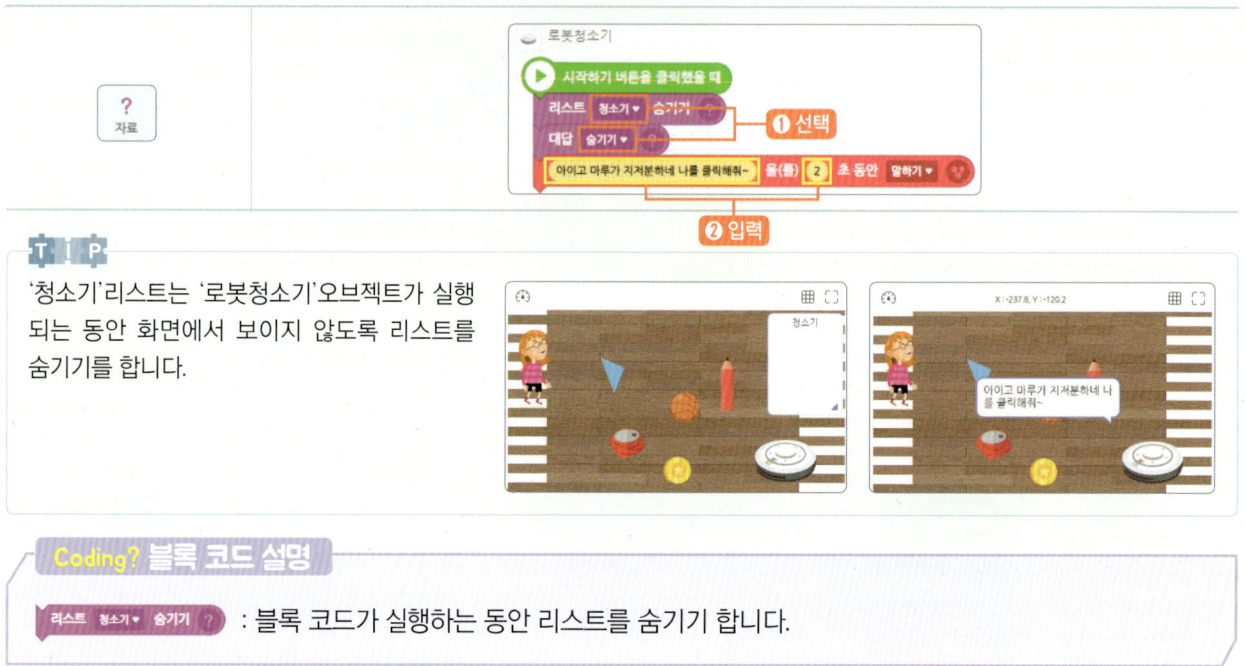

❷ '로봇청소기' 오브젝트는 클릭하면 움직이도록 다음과 같이 블록 코드를 완성하고 회전방식 ↔ 클릭한 다음 이동방향(284.7)을 입력합니다.

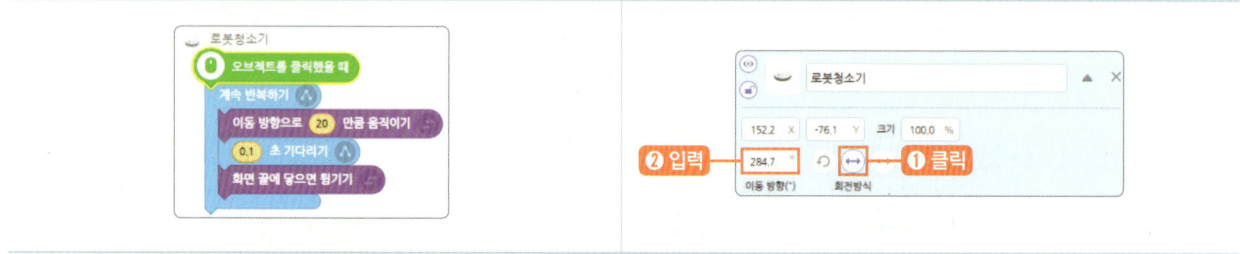

❸ '로봇청소기' 오브젝트에 다음과 같이 블록 코드를 만들고 다음과 같이 블록 코드를 추가 연결합니다.
[판단] '청소기 항목수가 5일 때'

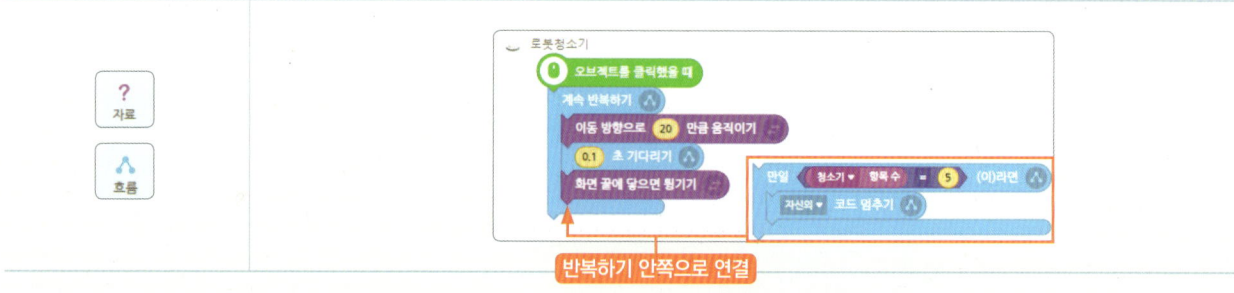

04 리스트에서 삭제하기

❶ '안경쓴학생' 오브젝트에 다음과 같이 블록 코드를 완성합니다.
[말하기] '이런! 청소기 안에 들어가지 말아야 할 물건도 있네', '4초'

TIP
9초 기다리기 : 로봇청소기가 청소하는 동안의 실행 시간에 따라 수정합니다. 오브젝트 위치에 따라서 청소시간이 다를 수 있습니다.

❷ '안경쓴학생' 오브젝트에 다음과 같이 대답에 따라 항목을 삭제하는 블록 코드를 추가 연결합니다.
[묻기] '청소기 리스트에서 꺼낼 물건의 번호를 입력하세요.'

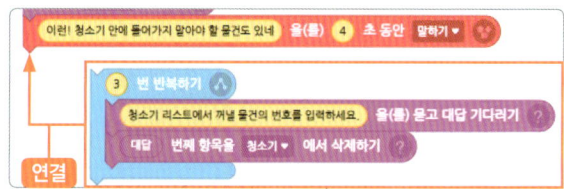

❸ ▶시작하기 단추를 클릭하고 로봇청소기를 클릭한 다음 오브젝트를 청소하여 리스트를 만드는지 확인합니다.

리스트 삭제전	리스트 삭제후

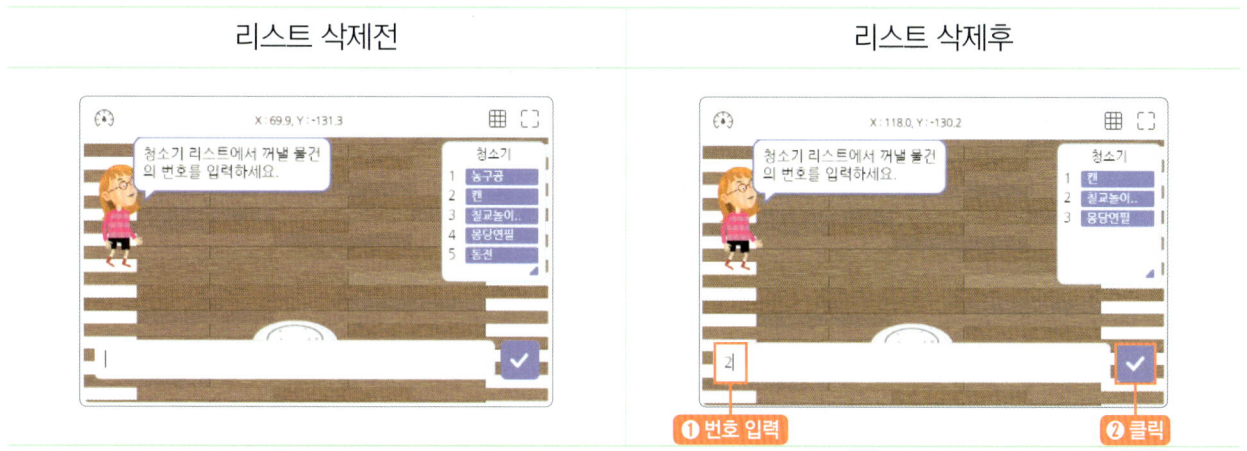

❹ 완성 엔트리를 '로봇청소기_완성'으로 본인 이름의 폴더에 저장합니다.

CHAPTER 19

 문제해결능력 **스스로 해결하기**

📁 불러올 파일 : [19장]-모여라동물친구들.ent   📗 완성된 파일 : 모여라동물친구들_완성.ent

01 내 맘대로 상상하고 문제 해결하기

미리보기 : 모여라동물친구들_완성.mp4

- '당나귀(1)', '부엉이', '다람쥐', '원숭이' 오브젝트를 추가합니다.
- '당나귀(1)' (x:200 y:50), (크기 70), '부엉이' (x:200 y:50), (크기 70)
- '다람쥐' (x:200 y:50), (크기 50), '원숭이' (x:200 y:50), (크기 60)
- 리스트를 추가하고 배치합니다.
- 리스트 이름 : '출석부'

 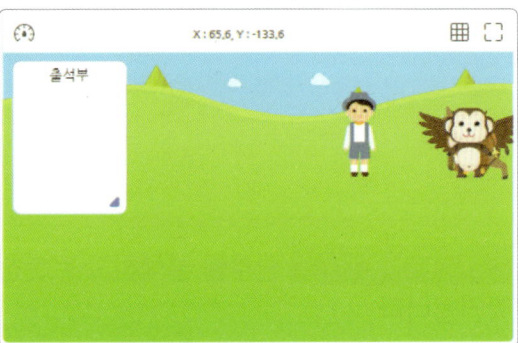

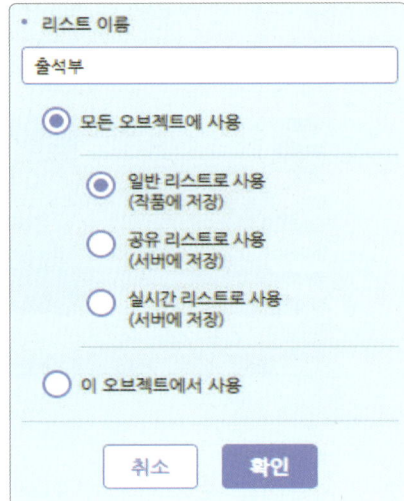

02 디버깅(수정)_컴퓨팅 논리적 사고는 오류를 찾는 것부터

미리보기 : 알프스 목동_완성.mp4

- '당나귀(1)' 오브젝트가 '알프스 목동(1)' 오브젝트를 만나고 다음과 같이 위치를 이동하고 출석부에 이름이 입력되도록 블록 코드를 완성합니다.(빈 칸에 블록 코드가 작동되도록 값을 입력합니다.)
- '당나귀(1)' 오브젝트의 블록 코드를 복사하여 다른 동물 오브젝트에 붙여넣기를 합니다.
- 부엉이, 다람쥐, 원숭이 오브젝트 순서로 자리를 배치합니다.
- 각 동물 오브젝트는 순서대로 등장하도록 기다리는 시간을 조절하고 '알프스 목동(1)' 오브젝트를 만나도록 위치값을 입력합니다. 같은 방법으로 출석 위치(도착 지점)도 위치값을 입력합니다.
- '다람쥐', '원숭이' 오브젝트는 '당나귀(1)', '부엉이' 오브젝트 보다 가로 길이가 짧아서 위치값을 다르게 지정합니다.

CHAPTER 19 로봇청소기 127

CHAPTER 20

수업준비하기! 코딩의 뇌를 깨우는 5분 스트레칭!
※ 코딩 교육 의무화 대비! 정답은 없어요! 창의력을 위해 자유롭게 적어봅니다.

컴퓨터 사고력은 순서도로 부터!

일상 생활에서 걷는 순서를 확인하고 '보기'에서 빈칸에 맞는 필요한 행동을 찾아 적어볼까요?

- ( )을 아래로 약간 당긴 상태에서 시선은 전방 15도 위 또는 20~30cm 앞을 봐요.
- 어깨와 ( )을 펴고 양팔을 자연스럽게 앞뒤로 흔들어요.
- 허리를 똑바로 세우고 ( )에 힘을 주고 걸어요.
- 발끝과 무릎이 ( )자가 되도록 걸어요.
- 발꿈치 - ( ) - 발가락 순으로 중심을 옮겨가되 양발 끝을 ( )자로 유지하며 걸어요.
- ( ) 보폭으로 빨리 걸어요.

보기

입, 턱, 등, 엉덩이, 배, 1,
발가락, 발바닥, 11, 8, 큰, 작은,
예, 아니오, 올바른, 체조, 숨쉬기, 빠른

코딩의 뇌를 깨우는 나만의 알고리즘!

문제해결능력! 건강하게 걷는 과정에서 30분간 걷기 후 "더 걷기를 할 수 있나?"에 따라 어떤 행동을 해야 할지 '보기'에서 찾아 완성해 보세요.

- ( ) → ( ) 자세로 걷기를 해요.
- 더 걷기를 할 수 있나요?
- ( ) → 마무리 ( ) 후 집으로 가서 씻고 쉬어요.

문제해결능력을 위한 코딩!

- 준비물 : 연필

아래 그림 중 각 양동이에 젤리공이 있습니다. 양동이 A에 있는 노란 젤리공과 양동이 B에 있는 파란 젤리공을 서로 바꿔서 담는 과정을 번호로 적어보세요.

※ 각 젤리공은 바닥에 내려놓을 수 없습니다.

① B에 있는 공을 A에 담는다.
② C에 있는 공을 B에 담는다.
③ A에 있는 공을 C에 담는다.

정답 입력

CHAPTER 20 나는 홈런왕

▲ 미리보기
홈런왕_완성.mp4

이런걸 배워요! ● 복제본을 생성하는 방법을 알아봅니다. 신호를 이용하여 오브젝트를 동작하는 방법을 알아봅니다.

■ 불러올 파일 : [20장]-홈런왕.ent   ■ 완성된 파일 : 홈런왕_완성.ent

01 오브젝트 배치와 신호

❶ [불러올 파일]-[20장]에서 '홈런왕.ent' 파일을 불러온 다음 아래 그림과 같이 오브젝트의 위치와 크기를 변경하여 배치합니다.

- '확인 버튼' (크기 50)
- '야구공' (크기 20)
- '투수' (x:-157 y:-58), (크기 70)
- '타자' (x:185 y:-53), (크기 100)
- '야구공' 오브젝트 순서는 가장 위로 배치

❷ [속성] 탭에서 [신호 추가하기]를 클릭하고 '투수'신호와 '홈런'신호를 작성합니다.

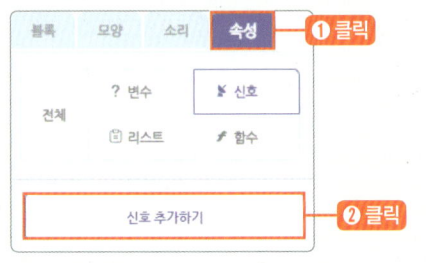

02 확인 버튼과 투수 오브젝트 블록 코딩

❶ [블록] 탭을 선택하고 '확인 버튼' 오브젝트를 클릭하면 투수가 공을 던지도록 신호를 보내는 블록 코드를 완성합니다.

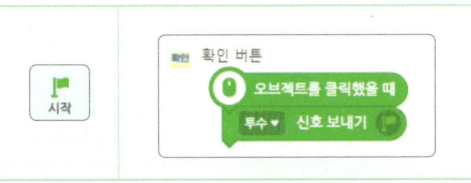

❷ '투수' 오브젝트는 신호를 받으면 야구공을 던지는 동작을 하도록 블록 코드를 완성합니다.
[말하기] '받아라~나의 공을!!', '2초'
[복제본 만들기] '야구공'으로 변경

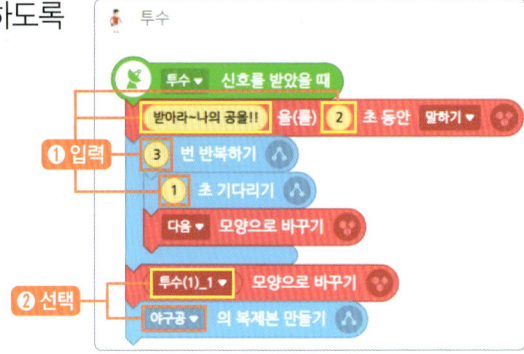

Coding? 블록 코드 설명

: 오브젝트를 지정하여 같은 모양의 오브젝트를 복제합니다.

03 야구공 오브젝트 블록코딩

❶ '야구공' 오브젝트는 시작할 때 투수의 근처에 위치하면서 오브젝트 모양을 숨기는 블록 코드를 완성합니다.

❷ '야구공' 오브젝트가 움직이도록 다음과 같이 블록 코드를 완성합니다.

Coding? 블록 코드 설명

: 복제본이 생성되면 블록 코드를 실행합니다.

: 장면을 처음부터 다시 실행합니다.

04 타자와 홈런 신호 블록 코딩

❶ '타자' 오브젝트가 야구방망이를 움직이면서 홈런을 치는 동작을 만들기 위하여 다음과 같이 블록 코드를 완성합니다.
[말하기] '홈런'

TIP
'타자' 오브젝트는 [판단]블록 코드를 이용해서 야구공과 스페이스 키가 눌러졌을 때 [홈런] 신호를 보내줘서 홈런을 치는 장면을 만들어 줍니다.

❷ '야구공' 오브젝트가 홈런 신호를 받으면 움직이도록 다음과 같이 블록 코드를 완성합니다.

❸ ▶시작하기 단추를 클릭하고 화면의 '확인 버튼' 오브젝트를 클릭하면 투수가 공을 던지는지 확인합니다. 이어서, 타자가 스페이스 키를 누르면 홈런을 치는지도 확인합니다.

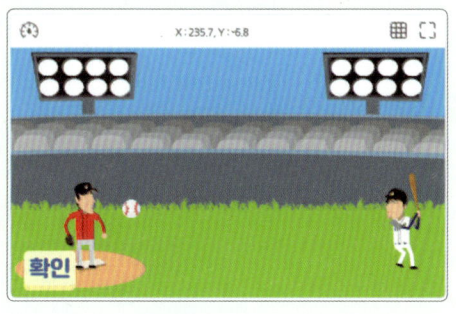

❹ 완성 엔트리를 '홈런왕_완성'으로 본인 이름의 폴더에 저장합니다.

CHAPTER 20 · 문제해결능력 · 스스로 해결하기

■ 불러올 파일 : [20장]-축구놀이.ent   ■ 완성된 파일 : 축구놀이_완성.ent

01 내 맘대로 상상하고 문제 해결하기

미리보기 : 축구놀이_완성.mp4

- '축구공', '미어캣' 오브젝트를 추가하고 배치합니다.
- '골인' 변수를 추가합니다.
- 다른 오브젝트를 사용해도 됩니다.

02 디버깅(수정)_컴퓨팅 논리적 사고는 오류를 찾는 것부터

미리보기 : 점프_완성.mp4

- '점프 엔트리봇(1)' : 스페이스키를 눌렀을 때 위쪽으로 30만큼 점프하는 동작으로 봅니다.
- '축구공' : 위쪽으로 이동하는 축구공을 왼쪽에서 오른쪽으로 이동하도록 숫자값을 수정합니다.
- '골인' 변수값이 10이되면 말하기를 하고 모든 코드를 멈추기

CHAPTER 21 수업준비하기! 코딩의 뇌를 깨우는 5분 스트레칭!

※ 코딩 교육 의무화 대비! 정답은 없어요! 창의력을 위해 자유롭게 적어봅니다.

컴퓨터 사고력은 순서도로 부터!

도서관 책 빌리기 순서를 확인하고 '보기'에서 빈칸에 맞는 필요한 행동을 찾아 적어볼까요?

코딩의 뇌를 깨우는 나만의 알고리즘!

나는 이렇게 해요! 순서도를 보고 알맞은 판단문을 '보기'에서 찾아 완성해 보세요.

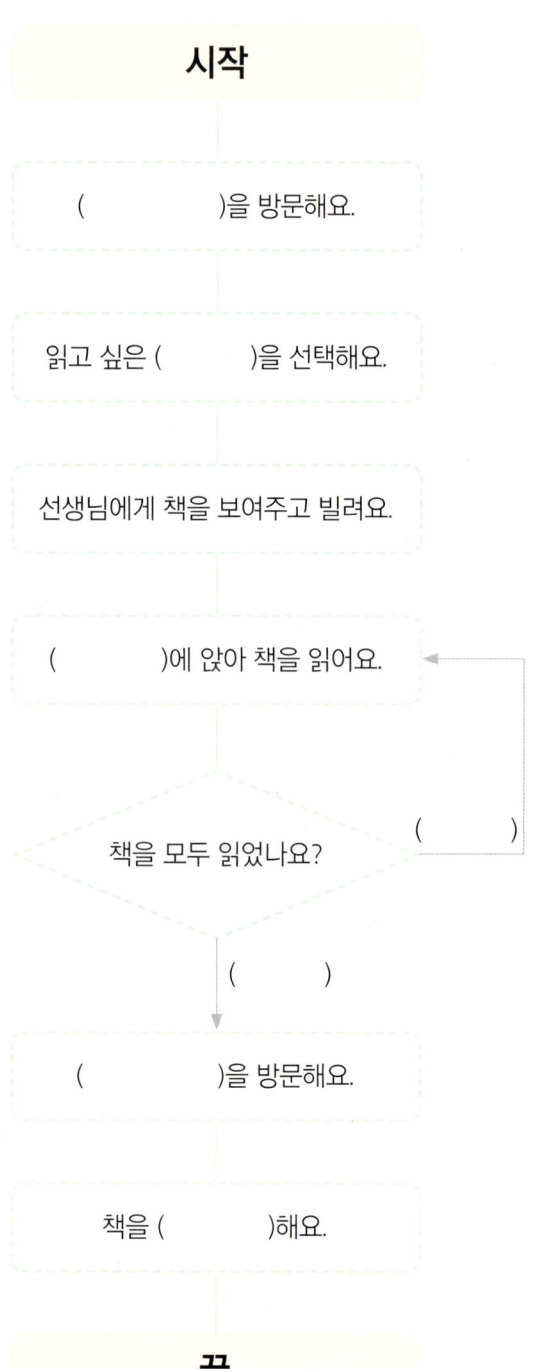

보기

컴퓨터실, 도서관, 책, 노트, 예, 아니오, 바닥, 책상, 반납

문제해결능력을 위한 눈코딩!

— 준비물 : 연필

아래 퍼즐에서 빈 칸에 들어갈 조각 그림의 회전 번호를 적어보세요.

※ 정답 그림에 들어갈 퍼즐을 보고 회전하는 번호를 적어봅니다.

정답 입력

① 오른쪽으로 90도 회전   ② 좌우 뒤집기

CHAPTER 21 인공지능 자동차

CHAPTER 21 인공지능 자동차

▲ 미리보기
인공지능자동차_완성.mp4

이런걸 배워요! 오브젝트의 좌푯값 블록 코드를 알아봅니다. 오브젝트와 오브젝트의 거리에 따라서 판단을 하는 방법을 알아봅니다.

📁 **불러올 파일 :** [21장]-인공지능자동차.ent   📁 **완성된 파일 :** 인공지능자동차_완성.ent

01 오브젝트와 장면 추가하기

❶ [불러올 파일]-[21장]에서 '인공지능자동차.ent' 파일을 불러온 다음 아래 그림과 같이 오브젝트의 위치와 크기를 변경하여 배치합니다.

- '빨간 자동차'
  (x:-190 y:-68), (크기 70)
- '걷고있는 사람(1)'
  (x:-53 y:-100), (크기 50)
- '걷고있는 사람(2)'
  (x:42 y:5), (크기 50)

❷ 새로운 장면을 추가하기 위해서 상단탭 오른쪽 ➕ 를 눌러 추가하고 아래 그림과 같이 오브젝트의 위치와 크기를 변경하여 배치합니다.

- '단색 배경'
- '선생님(3)' (x:175 y:-17)
- '걷고있는 사람(1)'
  (x:-115 y:-30), (크기 70)
- '걷고있는 사람(2)'
  (x:-40 y:-30), (크기 70)

02 변수와 신호 추가

❶ [속성] 탭-[변수]-[변수 추가하기]를 클릭하고 변수 이름은 '속도'를 입력한 다음 [변수 추가]를 클릭합니다.

❷ [신호]-[신호 추가하기]를 클릭하고 '대답'을 입력한 다음 [확인]을 클릭합니다.

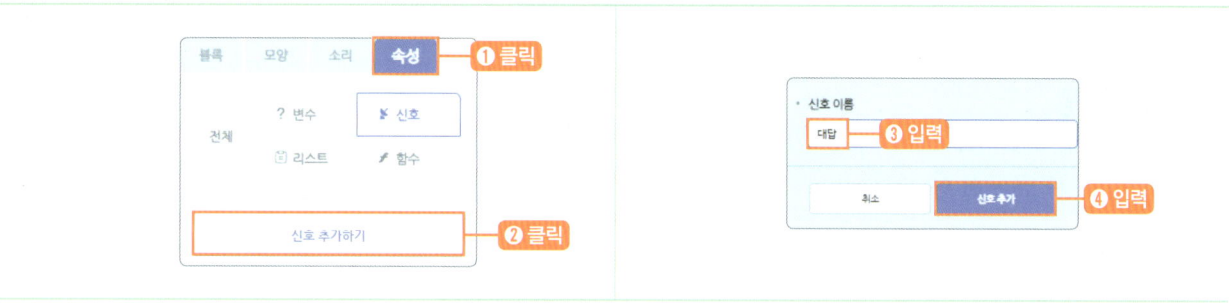

03 오브젝트 움직이기

❶ [블록] 탭을 선택하고 '빨간 자동차' 오브젝트가 시작하면 속도 변수 숫자만큼 움직이도록 블록 코드를 완성합니다.

❷ '걷고있는 사람(1)' 오브젝트가 시작하면 위쪽으로 움직이고 정해진 좌푯값에 멈추도록 블록 코드를 완성합니다.

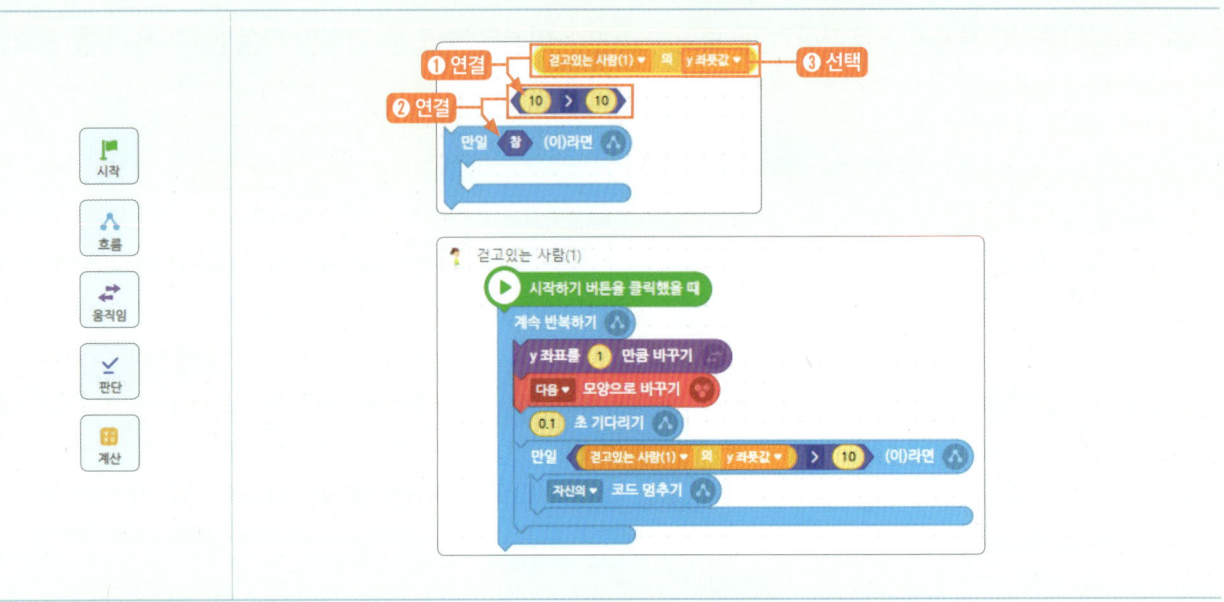

❸ '걷고있는 사람(2)' 오브젝트가 시작하면 7초를 기다린 다음 아래쪽으로 움직이고 정해진 좌푯값에 멈추도록 블록 코드를 완성합니다.

04 빨간 자동차 블록 코드 완성하기

❶ '빨간 자동차' 오브젝트는 도로에 사람을 만나면 멈추도록 블록 코드를 완성하고 반복하기 블록 코드 안쪽에 연결합니다.

> **TIP**
> '빨간 자동차'가 '걷고있는 사람(1)' 또는 '걷고있는 사람(2)' 오브젝트와 거리가 70보다 작으면 속도 값을 0으로 변경하여 멈추게 합니다.

❷ '빨간 자동차' 오브젝트가 벽에 닿았을 때 다음 장면으로 시작하도록 블록 코드를 완성하고 반복하기 블록 코드 안쪽에 연결합니다.

05 장면 블록 코딩

❶ [장면 2]가 시작하면 '선생님(3)' 오브젝트에 말하기 후 신호 보내기를 하는 블록 코드를 완성합니다.
 – [말하기] '여러분 무단횡단은 정말 위험해요!', '2초'
 – [말하기] '횡단보도를 이용해서 건너세요.', '2초'

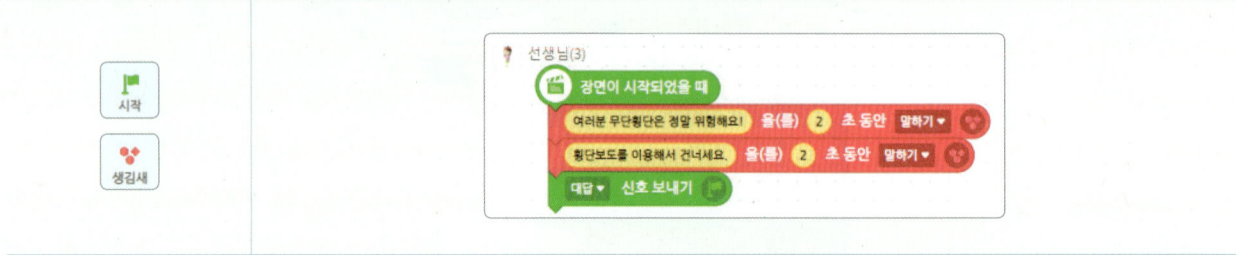

❷ '걷고있는 사람(1)'과 '걷고있는 사람(2)' 오브젝트에 말하기를 하는 블록 코드를 완성합니다.
 – [말하기] '네 선생님'

❸ ▶시작하기 단추를 클릭하여 빨간 자동차가 사람을 보면 정지하고 다음 장면으로 전환하는지 확인합니다.

❹ 완성 엔트리를 '인공지능자동차_완성'으로 본인 이름의 폴더에 저장합니다.

 스스로 해결하기

■ 불러올 파일 : [21장]-마법사난쟁이.ent　■ 완성된 파일 : 마법사난쟁이_완성.ent

01 내 맘대로 상상하고 문제 해결하기

미리보기 : 마법사난쟁이_완성.mp4

- '곰 로봇', '난쟁이(1)', '난쟁이(2)', '난쟁이(3)' 오브젝트를 추가하고 배치합니다.
- '곰 로봇' 크기(120), 모양은 좌우 반전으로 수정합니다.
- 난쟁이(1)~(3) 크기(50)
- 다른 오브젝트를 사용해도 됩니다.

02 디버깅(수정)_컴퓨팅 논리적 사고는 오류를 찾는 것부터

미리보기 : 곰 로봇_완성.mp4

■ '곰 로봇' : 키보드의 방향키를 누르면 이동하도록 블록 코드를 추가합니다.
■ '곰 로봇' : 초시계값이 20보다 크면 말하기를 하고 초시계와 코드를 멈춰봅니다.
■ '난쟁이(1)~(3)' : '곰 로봇' 오브젝트와의 거리가 얼마인지 값을 입력하고 동작을 확인합니다. 난쟁이 블록 코드는 복사하여 말하기를 하여 봅니다.
'곰 로봇' [말하기] '내가 술래다!', '2초', '마법을 쓰니 잡기가 힘든걸~'

CHAPTER 22 수업준비하기! 코딩의 뇌를 깨우는 5분 스트레칭!

※ 코딩 교육 의무화 대비! 정답은 없어요! 창의력을 위해 자유롭게 적어봅니다.

컴퓨터 사고력은 순서도로 부터!

심폐소생술 순서를 확인하고 '보기'에서 빈칸에 맞는 필요한 행동을 찾아 적어볼까요?

( )및 무호흡을 확인하기 위해 양어깨를 두드려요.

말을 걸어 눈과 귀로 심정지 및 ( ) 유무를 확인해요.

주변사람에게 도움 및 ( ) 신고를 해요.

( ) 압박을 30회 정도 눌러요.

( )을 2회 정도 해요.

구급차가 올 때까지 ( )압박, ( )을 반복해요.

보기

주변 사람, 113, 119, 교실, 양호실, 심정지, 무호흡, 배, 가슴, 얼굴, 경찰서, 인공호흡, 선생님, 친구

코딩의 뇌를 깨우는 나만의 알고리즘!

문제해결능력! 실제 주변에서 다음과 같이 사람이 쓰러져 있다면 어떻게 해야 할까요? '보기'에서 찾아 완성해 보세요.

	내가 해야 할 일1	내가 해야 할 일2
길가에 시람이 쓰러져 움직이지 못하는 경우	( )에게 알려요	( )에 신고해야 해요.
친구가 운동장에서 다쳐 피가 나오는 경우	( )로 데리고 가요.	( )에게 알려요.

문제해결능력을 위한 눈코딩!

– 준비물 : 연필

다음의 성냥개비 숫자에서 성냥개비 2개를 이동하여 식이 성립되도록 이동해보세요.
단, 부등호는 이동하지 않습니다.

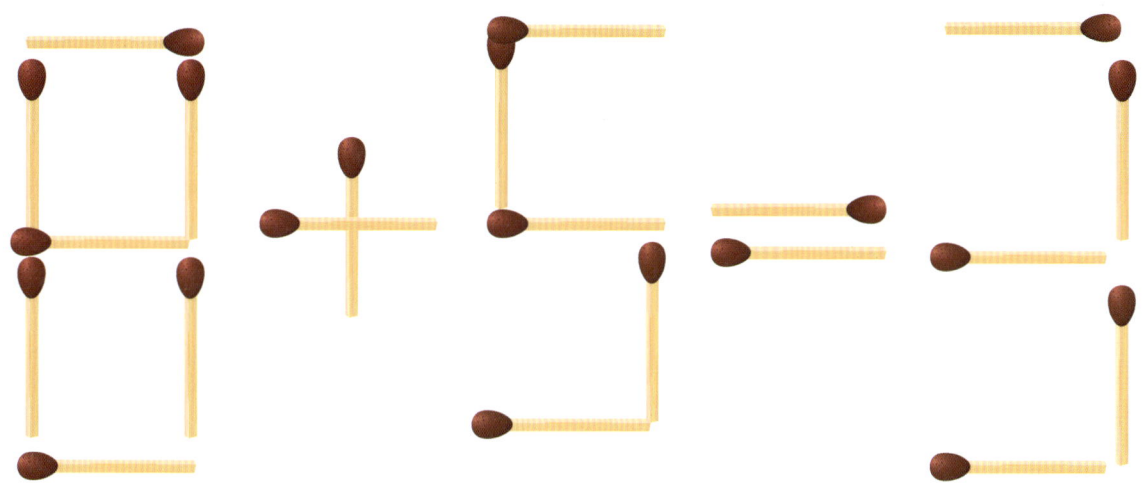

▶ 정답 :

CHAPTER 22 동물 친구들

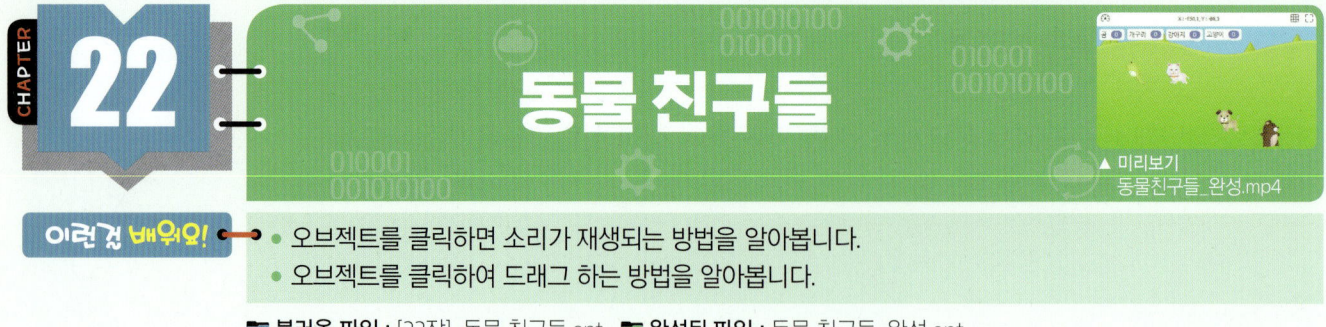

▲ 미리보기
동물친구들_완성.mp4

이런걸 배워요!
- 오브젝트를 클릭하면 소리가 재생되는 방법을 알아봅니다.
- 오브젝트를 클릭하여 드래그 하는 방법을 알아봅니다.

■ 불러올 파일 : [22장]-동물 친구들.ent   ■ 완성된 파일 : 동물 친구들_완성.ent

01 오브젝트, 소리, 변수 추가하기

① [불러올 파일]-[22장]에서 '동물친구들.ent' 파일을 불러온 다음 아래 그림과 같이 오브젝트의 위치와 크기를 변경하여 배치합니다.

- '곰(1)', '개구리', '강아지', '고양이'
- 모든 오브젝트 크기는 50으로 지정
- 모든 오브젝트 회전방식은 좌우()로 지정

② '곰(1)' 오브젝트를 선택한 다음 [소리]탭 – [소리 추가하기]를 클릭하고 '곰'을 입력 후 검색을 합니다. 이어서 '곰 울음 소리'를 선택하고 <추가하기> 단추를 클릭합니다.

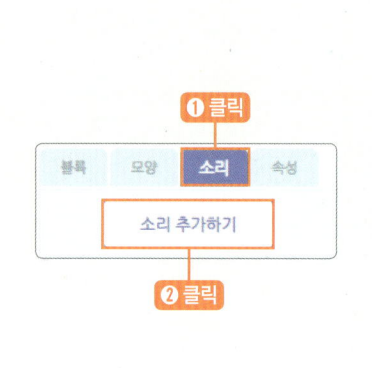

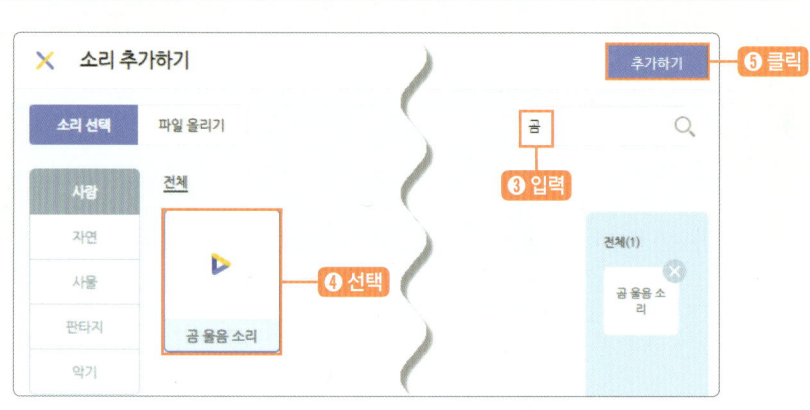

③ '곰(1)' 오브젝트에 소리가 추가된 것을 확인합니다.

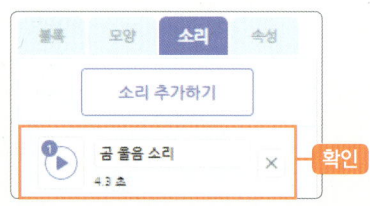

④ 각 오브젝트를 클릭하고 소리를 추가합니다.

'개구리' 오브젝트 : 개구리 울음 소리, '강아지' 오브젝트 : 강아지 짖는 소리, '고양이' 오브젝트 : 고양이 울음 소리

⑤ [속성] 탭-[변수]-[변수 추가하기]를 클릭하고 변수 이름은 '곰'을 입력한 다음 <변수 추가> 단추를 클릭합니다. 이어서 각 '개구리', '강아지', '고양이' 순서로 변수를 만듭니다.

⑥ 변수를 확인하고 실행 화면에 다음과 같이 변수의 위치를 변경합니다.

02 동물들을 자유롭게 움직이기

❶ '곰(1)' 오브젝트가 자유롭게 움직이도록 블록 코드를 완성합니다.

❷ '곰(1)' 오브젝트의 블록 코드를 복사하고 붙여넣은 다음 '개구리' 오브젝트에 이동 방향 값과 기다리기 값을 수정하여 완성합니다.

❸ 같은 방법으로 '강아지', '고양이' 오브젝트에 이동방향을 수정하여 완성합니다.
'강아지' 오브젝트 : [무작위수] '2부터 5사이', [기다리기] '0.1초'
'고양이' 오브젝트 : [무작위수] 2부터 7사이, [기다리기] '0.1초'

❹ ▶시작하기 단추를 클릭하여 동물 오브젝트가 자유롭게 움직이는지 확인합니다.

03 오브젝트 이벤트 만들기

❶ '곰(1)' 오브젝트를 클릭하면 '곰'변수에 1을 증가 하고 '곰 울음 소리'를 재생한 다음 마우스로 '곰(1)' 오브젝트를 움직일 수 있게 블록 코드를 완성합니다.

❷ '곰(1)' 오브젝트의 블록 코드를 복사하고 붙여넣은 다음 '개구리' 오브젝트에 변수 '개구리'로 변경하고 소리는 '개구리 울음 소리'로 변경하여 완성합니다.

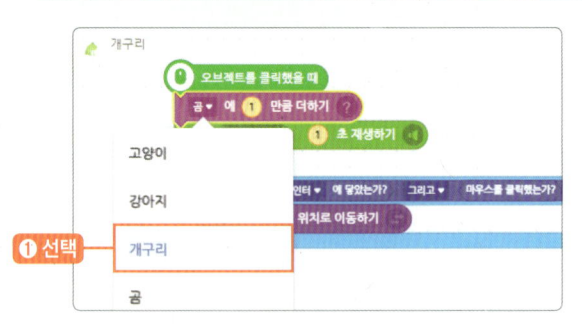
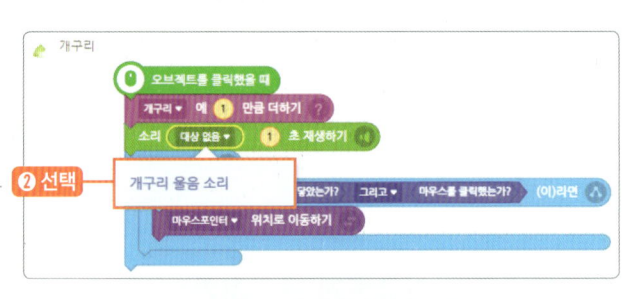

❸ 같은 방법으로 '강아지', '고양이' 오브젝트에 변수와 소리를 선택하여 완성합니다.

❹ ▶시작하기 단추를 클릭하여 동물 오브젝트를 클릭하면 소리가 나오고 오브젝트를 마우스로 드래그를 하면 오브젝트가 이동하는지 확인합니다.

❺ 완성 엔트리를 '동물친구들_완성'으로 본인 이름의 폴더에 저장합니다.

 스스로 해결하기

■ 불러올 파일 : [22장]-무슨소리가날까.ent   ■ 완성된 파일 : 무슨소리가날까_완성.ent

01 내 맘대로 상상하고 문제 해결하기

미리보기 : 무슨소리가날까_완성.mp4

- '드럼-라이드심벌', '드럼-베이스', '꼬마로봇', '빈 유리병' 오브젝트를 추가하고 배치합니다.
- '드럼-라이드심벌' 크기(60)
- '드럼-베이스', '꼬마 로봇' 크기(70)
- '빈 유리병' 크기(50)

02 디버깅(수정)_컴퓨팅 논리적 사고는 오류를 찾는 것부터

미리보기 : 드럼_완성.mp4

- '드럼-라이드심벌' : 소리 추가('라이드 심벌')
- '드럼-베이스' : 소리 추가('드럼 큰 탐탐')
- '꼬마 로봇' : 소리 추가('로보트2'), '빈 유리병' : 소리 추가('병뚜껑 따는 소리')
- 심벌, 베이스, 로봇, 유리병으로 신호를 추가
- '권투선수' 오브젝트가 펀치를 치면 각 오브젝트에 소리가 나도록 블록 코드를 수정
- 판단문을 보고 어떤 조건을 넣어야 유리병 신호 보내기가 가능한지 블록 코드를 추가
- 각 오브젝트별 판단문을 복사하여 반복하기 안에 연결

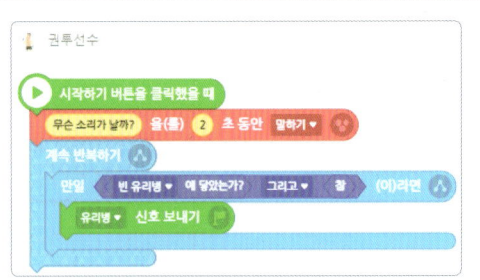

CHAPTER 23 수업준비하기! 코딩의 뇌를 깨우는 5분 스트레칭!

※ 코딩 교육 의무화 대비! 정답은 없어요! 창의력을 위해 자유롭게 적어봅니다.

컴퓨터 사고력을 순서도로 부터!

맛있는 김치를 담구는 순서를 확인하고 '보기'에서 빈칸에 맞는 필요한 행동을 찾아 적어볼까요?

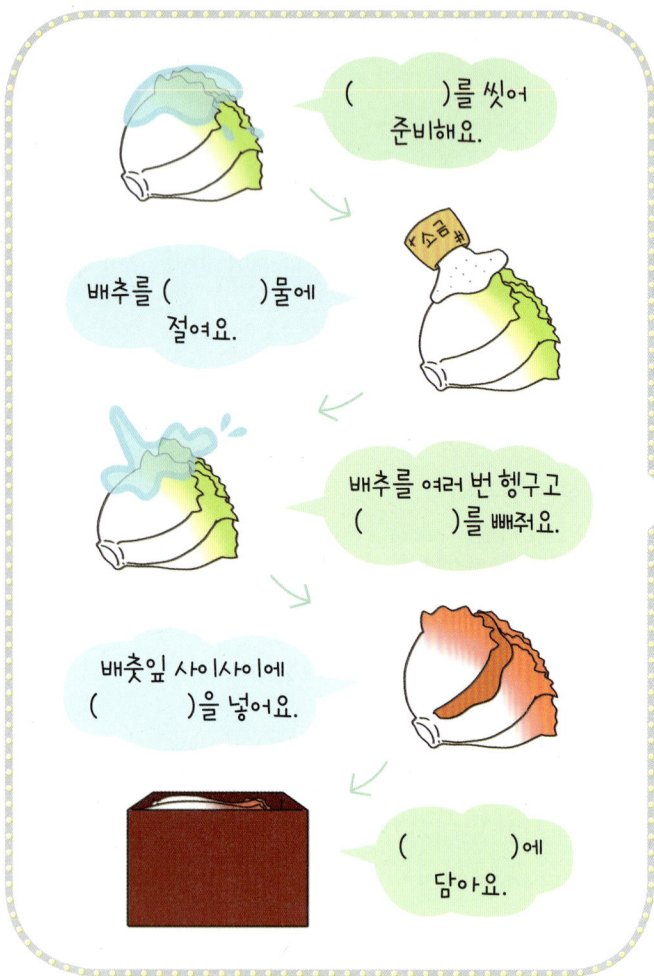

( )를 씻어 준비해요.

배추를 ( )물에 절여요.

배추를 여러 번 헹구고 ( )를 빼줘요.

배춧잎 사이사이에 ( )을 넣어요.

( )에 담아요.

보기

설탕, 소금, 물기, 기름, 양념, 배추, 상추, 후추, 고추장, 된장, 김치통, 국그릇, 반찬통

코딩의 뇌를 깨우는 나만의 알고리즘!

문제해결능력! 김치에 들어가는 재료는 무엇인지 체크해 볼까요?

☐ 마늘   ☐ 튀김   ☐ 고춧가루   ☐ 김

☐ 생강   ☐ 간장   ☐ 액젓   ☐ 소금

문제해결능력을 위한 눈코딩! - 준비물 : 연필

다음은 주판에 놓여진 두 수의 합을 구해보세요.

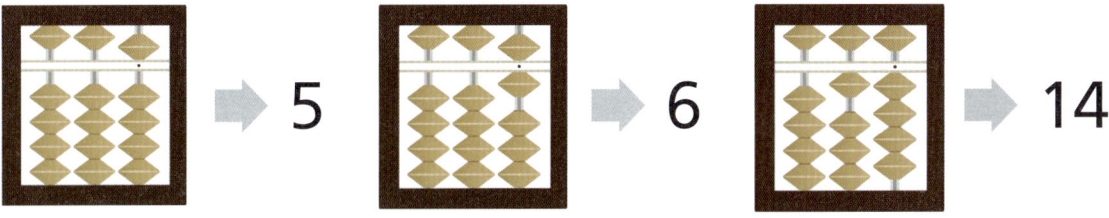

CHAPTER 23 계산기 만들기

CHAPTER 23

계산기 만들기

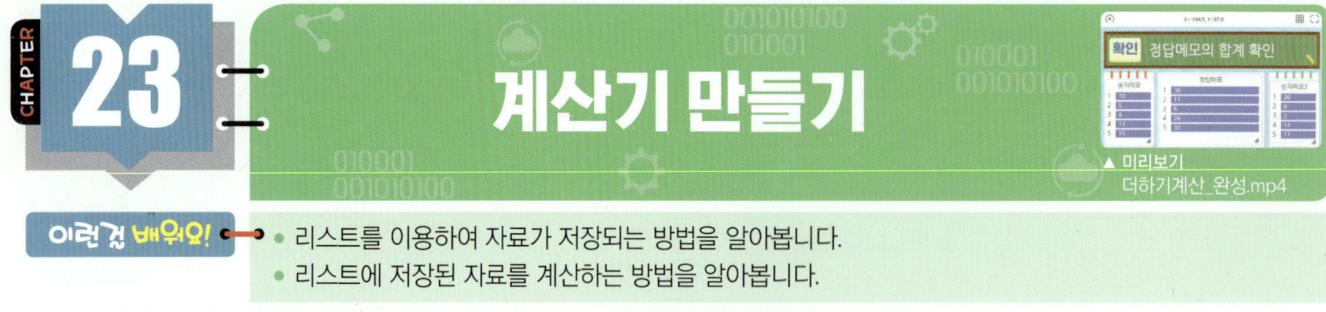

- 리스트를 이용하여 자료가 저장되는 방법을 알아봅니다.
- 리스트에 저장된 자료를 계산하는 방법을 알아봅니다.

■ 불러올 파일 : [23장]-더하기계산.ent   ■ 완성된 파일 : 더하기계산_완성.ent

01 리스트와 글상자 추가하기

❶ [불러올 파일]-[23장]에서 '더하기계산.ent' 파일을 불러온 다음 아래 그림과 같이 리스트를 추가하고 리스트 크기를 변경하여 배치합니다.(리스트 이름 : 숫자메모, 숫자메모2, 정답메모)

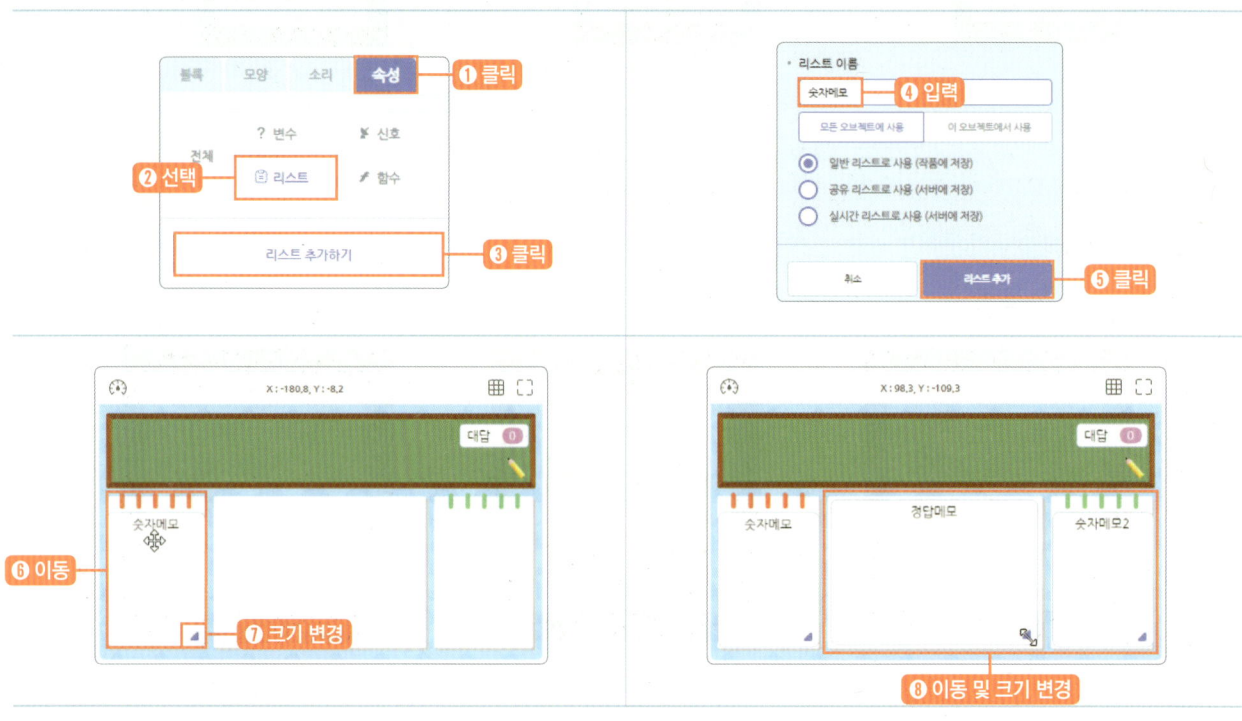

❷ 글상자 오브젝트를 추가하기 위해서 +오브젝트 추가하기 를 클릭한 다음 [오브젝트 추가하기] 창이 나오면 [글상자]를 클릭하고 글상자 입력칸에 '정답메모에 합계를 계산'을 입력합니다.

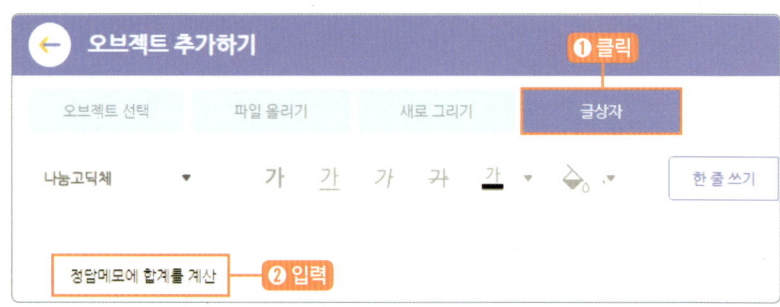

❸ 이어서, 글꼴 색상은 흰색으로 선택하고 채우기 색상은 슬라이더 모드를 클릭 후 투명을 선택하고 <추가하기> 단추를 클릭합니다.

❹ 글상자 오브젝트를 다음과 같이 배치합니다. 위치(x:0 y:85)

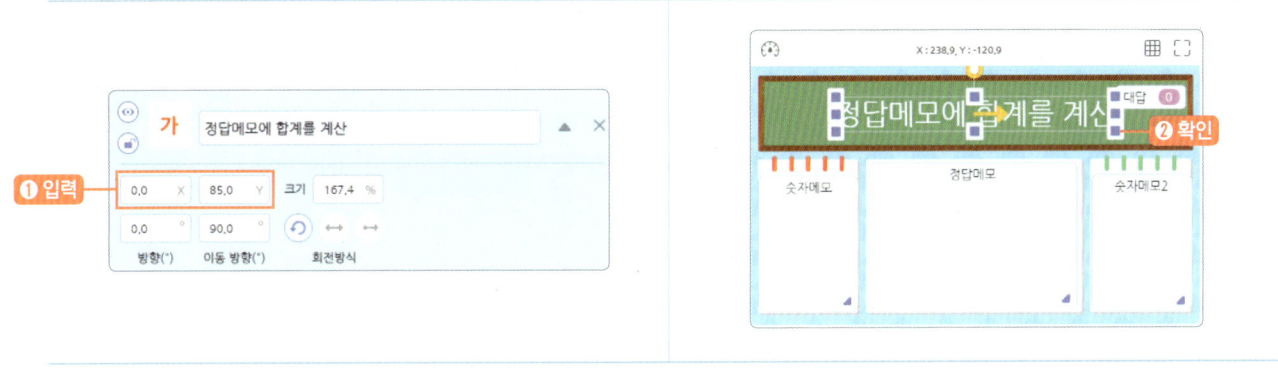

❺ '확인 버튼' 오브젝트를 추가하고 다음과 같이 배치합니다.

02 리스트에 숫자를 입력하기

❶ [블록] 탭을 선택하고 글상자 오브젝트를 클릭합니다. 이어서 '숫자메모'와 '숫자메모2' 리스트에 숫자를 다섯 번 입력하는 블록 코드를 완성합니다.
[묻고 대답] '숫자메모 입력', [묻고 대답] '숫자메모2 입력'

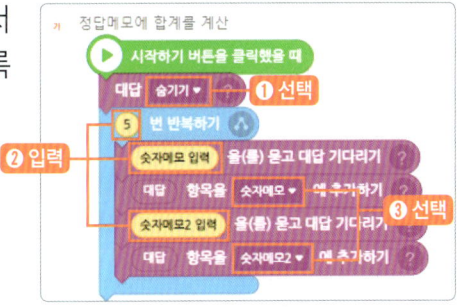

❷ ▶시작하기 단추를 클릭하여 총 10번의 숫자를 입력하고 리스트에 나오는지 확인합니다.

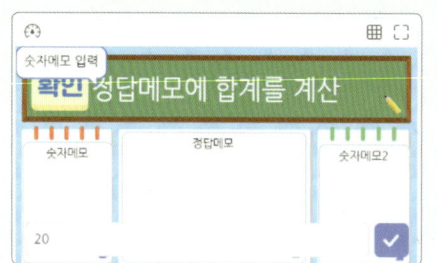 

❸ 글상자 오브젝트의 글자가 2초 간격으로 바뀌도록 블록 코드를 완성하고 아래쪽에 연결합니다.

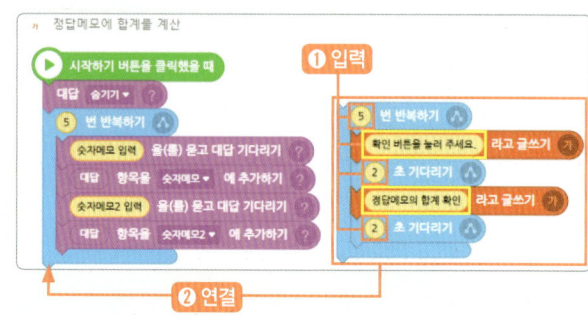

03 합계를 계산하기

❶ '확인 버튼' 오브젝트를 클릭하면 정답 메모에 '숫자메모'와 '숫자메모2'의 합계를 나타내는 블록 코드를 완성합니다.

❷ 입력된 모든 숫자를 계산하기 위해서 블록 코드를 복사하고 숫자를 변경하여 입력합니다.

❸ ▶시작하기 단추를 클릭하여 총 10번의 숫자를 입력하고 '확인 버튼' 오브젝트를 클릭하면 정답 메모에 합계가 나오는지 확인합니다.

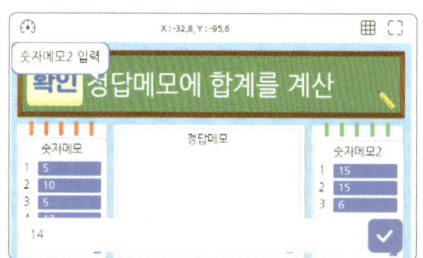 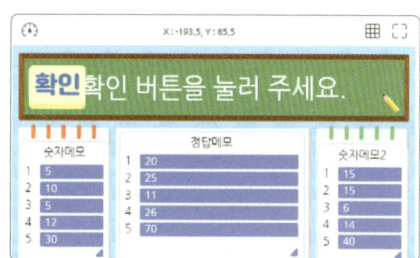

❹ 완성 엔트리를 '더하기계산_완성'으로 본인 이름의 폴더에 저장합니다.

CHAPTER 23 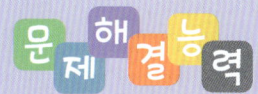 스스로 해결하기

■ 불러올 파일 : [23장]-보물찾기.ent   ■ 완성된 파일 : 보물찾기_완성.ent

01 내 맘대로 상상하고 문제 해결하기

미리보기 : 보물찾기_완성.mp4

- '확인 버튼', '선물상자' 오브젝트를 추가하고 배치합니다.
- '확인 버튼' 크기(50)
- '선물상자' 크기(30)
- '수량' 변수 추가하기
- '가방' 리스트 추가하기

02 디버깅(수정)_컴퓨팅 논리적 사고는 오류를 찾는 것부터

미리보기 : 선물상자_완성.mp4

■ '선물상자' 오브젝트의 [모양 추가하기]로 '농구공_2' 오브젝트를 추가하고 블록 코드를 완성합니다.

■ '선물상자' 오브젝트의 위치는 시작할 때 x축과 y축은 무작위 수로 지정합니다.

■ '선물상자' 오브젝트는 복제를 이용해서 총 4개의 선물상자를 만듭니다.

- 선물상자1 : 모양 추가(모자(5)_1)
- 선물상자2 : 모양 추가(동전_1)
- 선물상자3 : 모양 추가(곰인형_1)
- 선물상자 무작위 위치

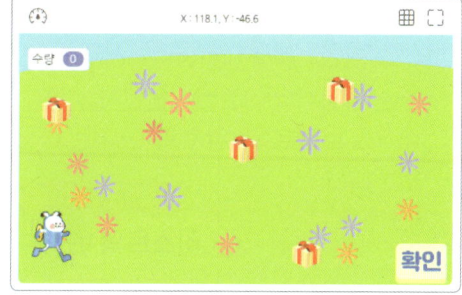

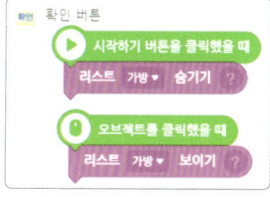

CHAPTER 24 — 컴퓨팅 사고력 완성하기(종합실습)

■ 불러올 파일 : 심부름하기.ent ■ 완성된 파일 : 심부름하기_완성.ent

01 [불러올 파일]-[24장]에서 '심부름하기.ent' 파일을 불러온 후 각 장면마다 아래와 같이 오브젝트를 추가하고 위치와 크기를 변경합니다.

미리보기 : 심부름하기_완성.mp4

■ 변수 만들기('완료'), 리스트 만들기('구입목록', '심부름')

장면 1	장면 2

- '뛰어노는 아이' 오브젝트 추가 - '할머니' 오브젝트 추가	- '뛰어노는 아이' 오브젝트 추가
장면 3	- '심부름' 리스트에는 항목을 입력
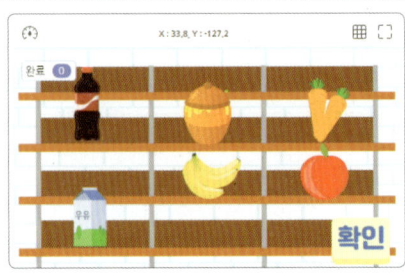	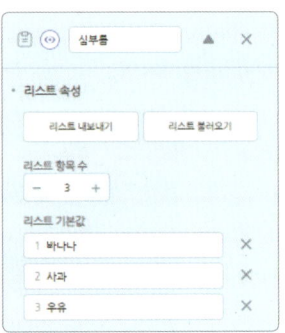
- '확인', '우유1L', '콜라', '사과(1)' - '바나나(2)', '당근', '꿀단지' - 오브젝트의 위치와 크기는 적절히 배치합니다.	
- 리스트의 위치	- '구입목록', '심부름' 리스트 숨기기

02 다음 각 장면마다 조건에 맞게 블록 코드를 완성합니다.

미리보기 : 장면_완성.mp4

■ 장면 1 블록 코딩

■ 장면 2, 장면 3 블록 코딩

장면 2 : 장면 1에서 '뛰어노는 아이' 오브젝트의 블록 코드를 복사하여 수정	장면 3
	– 오브젝트를 클릭하면 리스트에 항목 이름을 '구입목록'에 추가 – 같은 방법으로 '콜라', '사과(1)', '바나나(2)', '당근', '꿀단지' 오브젝트에 항목이름을 리스트에 추가

■ '확인 버튼' 오브젝트를 클릭하면 말하기를 한 다음 장면 1로 시작하는 블록 코드를 완성합니다.

- 심부름 마무리 : '할머니' 오브 젝트 에서 리스트를 비교하여 심부름을 잘했는지 판단하는 블록 코드를 만듭니다.

- ▶시작하기 단추를 클릭하여 할머니 심부름을 잘하는지 확인합니다.

MEMO

MEMO

MEMO